Marc Rosenberger

Einführung in die Meditation

Ein Weg zu unserem innersten Wesen

Theseus Verlag

Theseus im Internet: www.theseus-verlag.de

Bibliografische Information der Deutschen Bibliothek
Die Deutsche Bibliothek verzeichnet diese Publikation
in der deutschen Nationalbibliografie;
detaillierte bibliografische Daten sind im Internet über
http://dnb.ddb.de abrufbar.

ISBN 978-3-7831-9564-4

Originalausgabe

Copyright © 2009 Theseus Verlag,
in der Verlag Kreuz GmbH
Postfach 80 06 69, 70506 Stuttgart

Umschlaggestaltung: ReclameBüro, München
unter Verwendung eines Fotos von © Gregor Schuster / Getty Image
Illustrationen © Volker Rosenberger
Lektorat: Susanne Broos
Gestaltung und Satz: Ingeburg Zoschke, Berlin
Druck: CPI – Clausen & Bosse, Leck
Printed in Germany

Gedruckt auf alterungsbeständigem Papier mit
chlorfrei gebleichtem Zellstoff

Marc Rosenberger · *Einführung in die Meditation*

Inhaltsverzeichnis

Meditation

Vorwort

Dieses Buch widmet sich einer Betrachtung des menschlichen Bewusstseins in verschiedenen Zuständen und den damit verbundenen Entwicklungs- und Erkenntnismöglichkeiten durch Meditation. Des Weiteren beschäftigt es sich mit der Frage nach dem innersten Wesen des Menschen und somit auch mit der Frage nach Gott. Den Begriff Gott verwende ich in diesem Buch nicht unbedingt in einem religiös-christlichen Kontext. Er steht vielmehr für das, was man als Mensch erfahren kann, wenn man sich auf einem der in diesem Buch beschriebenen Wege in Tiefenregionen des eigenen Bewusstseins begibt. Dorthin, wo das eigene Wollen und Machen endet. In diesen Tiefenregionen des eigenen Bewusstseins kann man, wie ich erläutern werde, einer Kraft begegnen, die nur erlebbar wird, wenn man die Schalen des Persönlichen entfernt hat und zu seinem innersten Wesen vorgestoßen ist.

Das Buch beginnt mit grundlegenden Betrachtungen über Bewusstsein, um eine gemeinsame Grundlage für alle Leser zu schaffen, unabhängig davon, ob sie schon Erfahrungen mit einer Form der Meditation gemacht haben oder noch nicht. Es ist mir wichtig, gerade dem Anfänger einen Leitfaden an die Hand zu geben, der nicht nur vermeintlich ideale Zustände und Wege aufzeigt. Sondern der all die kleinen Unannehmlichkeiten und Hindernisse mit einbezieht in die Beschreibung eines Weges, der sich letztlich nur durch diese Hürden bildet und erst dadurch zu einer Veränderung des Bewusstseins – und damit auch des ganzen Menschen – führen kann.

Die Schwierigkeiten beim Meditieren sind sozusagen unser Ausgangspunkt. Denn unser Getrennt-Sein von einem Bewusstseinszustand, in dem wir mit unserem innersten Wesen in Kontakt stehen, führt erfahrungsgemäß erst dazu, dass wir uns auf den Weg machen. Das Gefühl der Unzulänglichkeit unserer Erkenntnismöglichkeiten ist ebenso wie die Einsicht, dass das Denken uns nur bis zur Erkenntnis der Notwendigkeit einer tief greifenden Wesenschau führen, aber leider nicht in ihr Inneres bringen kann, eine starke Triebfeder, die besonders für die Meditation genutzt werden kann.

Die Probleme in der meditativen Praxis sind demnach ein wichtiger Teil des Weges. Ohne ihr Erscheinen und ihre Überwindung fände keine Bewusstseinsveränderung statt. Außerdem verhält es sich so, dass man es anfangs fast ausschließlich mit Hürden zu tun hat, wenn man sich auf den Weg der meditativen Praxis begibt. Unser Geist führt ein recht unbeeinflussbares Eigenleben, und die Inhalte unseres Bewusstseins sind meist unkontrollierbar mit Alltäglichkeiten und Persönlichem beschäftigt. Um unseren Geist aus dieser engen Hülle unseres Alltagsbewusstseins zu befreien, müssen wir oftmals ganz von vorne beginnen, den völlig ungeschliffenen und zugewucherten Zustand unseres Bewusstseins zu bearbeiten.

Mein eigener spiritueller Weg führte und führt mich durch verschiedene Meditations-Praktiken, angefangen von der Zen-Meditation bis zur christlichen Kontemplation. All diese Wege führen mich aber immer wieder an denselben Punkt: nämlich zu mir selbst. Aber nicht, wie ich mich kannte und definierte, sondern zu etwas in mir, das jenseits des von mir Gemachten, Gewollten und für mich in meinem Verstand Erklärbaren liegt. Dennoch scheint mir genau dieses Innerste und zugleich andere, das eben nicht im Bereich des »alltäglich Persönlichen« liegt, näher zu sein als alles, was ich selbst in meinen selbst gemachten Definitionen für mich sein oder tun könnte.

Eine solche Wesensschau kommt durch verschiedene Faktoren zustande, die in den unterschiedlichsten Meditations-Praktiken enthalten sind. Auf diese Gemeinsamkeiten werde ich in diesem Buch eingehen. Mein Ziel dabei ist es, aufzuzeigen, woran man eine effektive Meditation erkennen kann, die die Kraft hat, etwas in uns zu ändern und unseren Geist zu befreien.

Ferner lege ich dar, wie sich die in der Meditation erarbeiteten Bewusstseinsstadien auf das Denken und somit auf unser Weltbild und unseren Blick auf die Realität auswirken. Und darüber hinaus zeige ich auf, welche neuen Perspektiven sich durch eine spirituelle Lebensweise für den heutigen Menschen auftun können.

Über das Bewusstsein

Aktives Denken

Unser Bewusstsein kann ganz unterschiedliche Qualitäten und Zustände beinhalten. Alles, von der Bewusstlosigkeit bis zur vollkommenen Klarheit, ist möglich. Zwischen diesen beiden Polen gibt es im Alltagsbewusstsein allerlei Zustände verschieden großer Wachheit und Bewusstheit, die oftmals zum Beispiel davon abhängen, wie konzentriert wir gerade sind. Allerdings ist schon der eben benutzte Begriff »vollkommene Klarheit« einer näheren Betrachtung würdig. Denn das, was man als vollkommen ansieht, ist immer durch das bisher Erfahrene definiert. Oft denkt man, dass etwas der Gipfel dessen gewesen sei, was man erleben kann. Bis die nächste Tür aufgeht und man sieht, dass es noch tiefer reicht, als man dachte.

Unser Horizont weitet sich mit unserem Bewusstsein. Unabhängig davon, was wir tun – ob es sich um Meditation, Klavierspielen oder die Entwicklung einer neuen bahnbrechenden Technologie handelt –, gilt: Je tiefer man in etwas eindringt, desto mehr wird einem klar, dass die Möglichkeiten, weiter zu wachsen und zu verstehen, kein Ende nehmen. In einem Wissenschaftler lässt jede Lösung einer Frage neue Fragen aufkommen, einem Musiker zeigt jede gelungene Interpretation eines Musikstückes weitere Ansatzpunkte oder Alternativen auf, wie er sein Spiel noch weiter verfeinern kann. Auch in der Meditation wird einem irgendwann klar, dass man an die Tür zur Grenzenlosigkeit klopft – und wenn sie einem das erste Mal kurz geöffnet wird, sollte man nicht glauben, schon alles gesehen zu haben.

Ich las vor einigen Jahren in einer Zeitschrift ein Zitat eines Physikers, das mir immer in Erinnerung geblieben ist. Er sagte sinngemäß: »Das größte Problem für den Menschen ist nicht das, was er nicht sicher weiß und was ihn deshalb beschäftigt und umtreibt. Das größte Problem des Menschen sind die Dinge, die er sicher weiß, die aber falsch sind.« Genauso verhält es sich auch mit unserem Bewusstsein und den daraus entstehenden Ansichten über uns und die Welt. Wenn man sich wirklich auf einen spirituellen Weg einlässt, kommt man früher oder später an den Punkt, an dem, wie man im Zen sagt, »der Berg kein Berg mehr ist und der Fluss kein Fluss«. Nichts erscheint einem mehr, wie es früher war. Alle Normalitäten und Wahrheiten werden zweifelhaft. Irgendwann später kommt man an den Punkt, an dem »der Berg wieder ein Berg und der Fluss wieder ein Fluss ist«. Der existenzielle Zweifel ist überwunden, und obwohl es so scheint, als ob alles beim Alten sei, weiß der Betreffende doch, dass alles in einem neuen Licht erscheint und nichts so ist wie zuvor.

Um sein Bewusstsein entwickeln und verfeinern zu können, muss man jedoch erst einmal in der Lage sein, die Inhalte seines Bewusstseins auch bewusst zu erkennen. Ich kann eine Sache nicht beobachten, wenn ich mir ihrer nicht bewusst bin. Wenn ich mir meines Denkens nicht wirklich bewusst bin, kann ich mein Denken nicht beobachten und bin deshalb auch nicht in der Lage, mein Denken zu lenken.

Um den ersten Moment einer solchen Betrachtung über das Bewusstsein zu nutzen, in dem »der Berg noch ein Berg ist und der Fluss noch ein Fluss«, wende ich mich jetzt dem Denken und seinen vielen Gesichtern zu.

Passives Denken

Das passive Denken ist in der Sphäre der in unserem Geist selbstständig aufsteigenden Gedanken und Gefühle anzutreffen. Dieses Denken – von mir in diesem Buch auch Denken erster Instanz genannt – ist unkontrolliert und permanent in unserem Geist vorhanden. Es bestimmt unser Alltagsbewusstsein. Das passive oder unkontrolliert entstehende Denken ist vergleichbar mit dem Assoziieren. Der Inhalt entsteht entweder spontan als direkte Reaktion auf die Umgebung auf der Basis des vorhandenen Bewusstseins und der darin enthaltenen Meinungen und Einstellungen. Oder er entsteht durch Assoziationen, die sich zu Fantasien verketten, denen der passiv Denkende nachhängt.

Das passive Denken bestimmt die alltägliche und meist automatisch ablaufende Geistesaktivität. Beim passiven Denken sind die Möglichkeit, unvoreingenommen zu denken und zu handeln, sowie die Fähigkeit, auf Begebenheiten in einer neuen und freien Art zu reagieren, zum größten Teil durch Denk-Gewohnheiten eingeschränkt. Zugespitzt bedeutet dies, dass wir während des passiven Denkens eher Erleidende als Ausführende unseres Denkens sind.

Wie wenig wir auf die Welt unserer passiven Gedanken Einfluss nehmen können, wird an dem einfachen Beispiel einer Melodie klar, die uns nicht mehr loslässt. Ein Ohrwurm, der von uns Besitz ergreift und ständig wieder in unserem Bewusstsein auftaucht. Man trällert die Melodie vor sich hin und hört sie immerzu in sich erklingen. Solange es angenehm ist, ist man geneigt, dem Ohrwurm nachzugeben und sich mit seinem Inhalt zu identifizieren. Wie steht es aber etwa um Ängste, die uns beschleichen, die uns hemmen und die destruktiv sind? Oder wie steht es um Gedanken, die voller Neid oder Selbstvorwürfe sind, oder Stimmungen, von denen wir genau wissen, dass sie uns schaden und gegen die wir uns dennoch nicht wehren können? Hier wird der Aspekt der Passivität deutlich, den wir im Alltag an unserem Denken nicht bemerken, da wir im Fluss sind mit unseren passiven Gedanken. Aber wehe, wenn man sich gegen den Strom wenden und seine Freiheit im Denken erproben will. Dann bemerkt man, dass sehr viel Aktivität nötig ist, um den Ohrwurm zum Schweigen zu bringen oder Gewohnheiten des Denkens zu ändern. Man braucht dafür ein Denken, das über das Denken nachdenkt. Eine Art zweite Instanz, die sich die unkontrolliert in unserem Bewusstsein entstehenden Gedanken vornimmt.

Aktives Denken

Diese zweite Instanz möchte ich hier »aktives Denken« nennen. Es ist im Gegensatz zum passiven Denken ein bewusster Willensakt, der die Aufmerksamkeit des Denkenden erfordert. Durch meine Aufmerksamkeit und meinen Willen wird das passive Denken in seinem Fluss zu einem konkreten Geistesinhalt gelenkt und geformt. Ich lasse die Pferde nicht mehr willenlos umherrennen, sondern nehme die Zügel in die Hand. Beim Schreiben dieses Buches brauche ich das aktive Denken, das sich der vorhandenen Geistesinhalte in mir annimmt und sie in eine gewisse Form bringt. Ich lenke den Strom meiner Einfälle und halte den Inhalt durch meinen Willen aufrecht. Ich schweife nicht ab und überlasse mich nicht assoziativen Verkettungen, die mich auf andere Gedanken bringen, sondern ich bewege mich in der Sphäre der aktiven Gedanken.

Im Gegensatz zum eher willenlosen, passiven Denken trägt das bewusste Denken auch die Möglichkeit in sich, neue Bewusstseinsinhalte zu integrieren. Diese können anschließend wiederum im Bereich des passiven Denkens erscheinen. Anders ausgedrückt: Der neue Inhalt wird selbstverständlich und erscheint in der passiven Sphäre als Stimmung, Gemütszustand, Gedanke oder Intuition. Man hat ihn verinnerlicht, und er ist Teil unserer Denkgewohnheiten und damit unseres Charakters geworden.

Das aktive Denken ist in der Lage, das passive Denken zu überdenken und sich damit auseinanderzusetzen, sich davon zu distanzieren oder neue Aspekte zu den gewohnheitsmäßigen Ansichten und Verhaltensweisen hinzuzufügen. Während das passive Denken sich auf alten Wegen bewegt, die durch sich häufig wiederholendes Erscheinen bekannter Fantasien und Bewusstseinsinhalte oder Reflexionen über Vergangenes gekennzeichnet sind, ist das aktive Denken ein Sprungbrett zu neuen Welten.

Beim passiven Denken sind wir mit unserem augenblicklichen Geisteszustand konfrontiert, der das Ergebnis unserer früheren Gedanken, Taten und Erlebnisse ist. Auf diesem Grund können

wir jedoch ständig weiter aufbauen und durch aktives Denken
und Bewusst-Sein den passiven Bereich mit neuen Inhalten anfüllen. Was ich denke, tue, erlebe, wird mir früher oder später in der
passiven Sphäre wieder begegnen. Dort wird alles abgespeichert,
und dadurch wird unsere Art zu denken, zu handeln und zu erleben geformt und gleichsam dokumentiert. Das Passive im Jetzt
ist das Ergebnis passiver wie aktiver Geistesinhalte der Vergangenheit, das wir durch weitere Passivität bestätigen und vertiefen
oder durch erneute Aktivität formen und lenken können. Intui-
tionen oder Einfälle, die vom aktiven Denken vorbereitet werden, entstehen aber wiederum im Bereich des passiven Denkens
und werden deshalb manchmal als Eingebung empfunden.

Wichtig bei der Betrachtung über passives und aktives Denken ist die Erkenntnis, dass der innere Mensch, um den es uns
später in der Meditation geht, erst durch die Bewusstseinsakti-
vität wirklich in Erscheinung tritt. Er erscheint durch seine Aufmerksamkeit, in der er das Denken als Prozess wahrnimmt, und
durch seinen Willen, mit dem er sein Denken durchdringen kann,
um es in aktives Denken umzuwandeln. Der innere Mensch ist
folglich weniger der Gedanke, der durchaus auf passive Art entstehen kann und ohne Lenkung und aktuellen Bezug zur Gegenwart über die innere Bühne unseres Geistes traumwandelt. Der
innere Mensch ist vielmehr derjenige, der sich des Denkens bewusst wird. Das heißt, er ist eher in der das Denken formenden
und beobachtenden Aufmerksamkeit und dem dazu nötigen
Willen zu finden, der zum passiven Denken hinzukommen muss,
damit aktives Denken und wirkliche Präsenz entsteht.

Der innere Mensch ist immer dort und nur dort anzutreffen,
wo ich mit meiner Aufmerksamkeit präsent bin. Das heißt nicht
allgemein in der Gedankenwelt, sondern im bewussten Erkennen
und Lenken des Denkens. Folgende Beispiele verdeutlichen dies.
Wenn ich in einer Gruppe von Menschen stehe, die sich unterhalten, kann ich nur demjenigen folgen, dem ich meine Aufmerksamkeit schenke. Obwohl mehrere Gespräche gleichzeitig an
mein Ohr dringen, richte ich meine Aufmerksamkeit und damit

meine Bewusstheit und meinen Willen auf ein bestimmtes Gespräch, die anderen blende ich aus. Es kann aber auch passieren, dass sich meine Aufmerksamkeit, wenn ich zum Beispiel an einem Tisch in einem Restaurant sitze und von der Erzählung meines Gegenübers abschweife, auf das Gespräch am Nachbartisch richtet, falls ich die Leute dort interessant finde und ich wissen möchte, was dort gesprochen wird. Wenn mich deren Gespräch fesselt, kann es mir passieren, dass ich überhaupt nicht mehr mitbekomme, was mir gerade erzählt wird, da ich meine Aufmerksamkeit auf das Gespräch am Nebentisch gelenkt habe.

Der innere Mensch ist wie ein Besucher, der von Zeit zu Zeit die Welt der Gedanken und Gefühle betritt, sich ihrer bewusst wird und dadurch erst in Aktion tritt. Ein Gedanke ist lediglich eine Information. Es bedarf unseres Bewusstseins, damit wir uns des Gedankens bewusst werden. Dieses Bewusst-Werden kann sich dann in neuen aktiven Gedanken über das bisher Gedachte äußern. Wir reagieren mit weiteren Gedanken auf unser bisheriges Denken. Auch in diesen Gedanken finden wir jedoch nur Worte und Informationen und nicht das Bewusstsein, das sich lediglich der Gedanken bedient, um sich zu artikulieren. Das Bewusstsein ist aber nicht der Gedanke. Das Denken ist nur ein Instrument, das sich auch verändert, wenn sich unser Bewusstsein ändert.

Zeugenbewusstsein und der innere Mensch

Wer ist aber dieser innere Mensch, der sich der Inhalte seines Geistes bewusst wird, und wie kann man ihn von den Geistes-Inhalten, die er betrachtet, isolieren, um ihn, den Betrachter, zu sehen? Bereits von der Art des passiven Denkens aus hin zu einem durch Bewusstsein gelenkten, aktiven Denken benötigen und nehmen wir einen Zuwachs an Bewusstheit und Willen wahr. Ein noch viel größerer Teil Aktivität und Bewusstheit ist indes nötig, wenn wir aus der Sphäre des aktiven Bewusstseins in die Sphäre des Zeugenbewusstseins treten wollen, wie es zum Beispiel bei der Achtsamkeitsmeditation üblich ist.

Als Zeugenbewusstsein wird der Zustand im Geiste eines Menschen bezeichnet, der ohne Gedanken als reines Gewahrsein zurückbleibt, wenn die alltägliche Geistesaktivität des passiven wie aktiven Denkens eingestellt wurde. Dieses Zeugenbewusstsein stellt sozusagen die Grundstruktur unseres Bewusstseins dar. Es ist das Bewusstsein an sich, losgelöst von seinen Inhalten. Es wird von den meisten Menschen nie bewusst wahrgenommen bzw. erkannt, weil es im normalen Alltagsbewusstsein ständig durchdrungen und angefüllt ist mit Inhalten des passiven oder aktiven Denkens. Wer jedoch das Denken einstellen kann, bemerkt, dass er immer noch »da ist«. Er merkt außerdem, dass er immer noch sich seiner selbst bewusst ist, obwohl im Geiste nichts mehr passiert, was mit der eigenen Person, also alltäglichen Abläufen des Denkens und Fühlens, zu tun hat.

In der Meditation kann es zum Beispiel darum gehen, das Denken zu unterlassen. Wenn dies einem nach einiger Übung gelingt, bemerkt man, dass man sich seiner selbst bewusst sein kann, ohne zu denken. Umgekehrt kann es passieren, dass man sich während einer Meditation nach einer Weile wieder beim Denken ertappt, obwohl man es unterlassen wollte zu denken. Wir können also bewusst sein, ohne zu denken, genauso, wie wir meistens denken, ohne uns dessen wirklich bewusst zu sein.

Man bemerkt somit in der Achtsamkeitsmeditation ein leeres und grundlegendes Bewusstsein, das all die Spiele des eigenen Denkens und Fühlens erst ermöglicht. In uns ist dieser Zeuge des reinen Gewahrseins, der all das, was in unserem Geist geschieht, ermöglicht und beobachtet, ohne je in Erscheinung zu treten. Unabhängig davon, wie wir uns in unserem Leben entwickeln und verändern, unabhängig davon, welche Ansichten wir vertreten oder ablehnen, egal, welche Sympathien und Antipathien wir in unserem Bewusstsein beherbergen, der Zeuge bleibt davon unberührt. Wir finden ihn immer als denselben vor, wenn wir ihn während unserer Meditation in unserem Bewusstsein aufsuchen.

Meditation als Begegnung mit dem inneren Menschen

Wahrnehmen und Denken

Um die Sphäre des Zeugenbewusstseins freizulegen, bietet sich die Achtsamkeitsmeditation des Vipassana oder auch die Shikantaza-Übung des Zen-Buddhismus an. Beide Meditationsformen konzentrieren ihre Bemühungen auf das reine Gewahrsein und die völlige Aufmerksamkeit, in der alles beobachtet wird, ohne an etwas festzuhalten und ohne die Dinge zu bewerten.

Wenn man meditiert, sind sowohl die äußeren Bedingungen zu beachten, angefangen bei der Umgebung, die man für die Meditation wählt, als auch die Körperhaltung, die wiederum in enger Beziehung zu der Geisteshaltung steht.

Die Meditationsumgebung

Der Raum, in dem man meditiert, sollte nicht zu dunkel beleuchtet sein, damit man nicht zu schnell müde wird. Er sollte aber auch nicht zu hell sein, da es schließlich nicht darum geht, das Zimmer zu betrachten, sondern um eine Innenschau. Empfehlenswert ist leicht gedämpftes Licht. Des Weiteren sollte man in einer Umgebung meditieren, in der sichergestellt ist, dass man nicht gestört wird – sei es durch Telefonate oder durch Leute, die den Meditationsraum betreten. Suchen Sie sich deshalb ein stilles Plätzchen, an dem Sie sicher sein können, für die Zeit Ihrer Meditation Ihre Ruhe zu haben. Es kann auch hilfreich sein, zu einer Tageszeit zu meditieren, zu der Sie prinzipiell eher ungestört sind, etwa abends oder frühmorgens.

Die Meditationshaltung

Die richtige Meditationshaltung zeichnet sich dadurch aus, dass sie es einem ermöglicht, über längere Zeit ruhig und ohne körperliche Beschwerden auf einem Hocker, einem Meditations-Bänkchen oder einem Meditationskissen zu sitzen. Der Rücken muss dabei aufrecht, die Schultern sollten entspannt sein. Das Kinn kann man leicht zurücknehmen, so als ob man ein Doppelkinn machen wollte. Dies gewährleistet, dass die Halswirbelsäule wirklich gerade ist. Die Hände kann man entweder auf die Beine legen oder ineinander, so als ob man mit beiden Händen etwas hielte. Die linke Hand liegt dabei in der rechten, die Daumen berühren sich an den Spitzen ganz leicht. Die Ellbogen sind leicht nach vorne gezogen, die Daumen leicht zum Bauch. Die minimale Spannung, die nötig ist, um die Daumen zu sich und die Ellbogen gleichzeitig nach vorne zu ziehen, ist zugleich ein guter Indikator für unsere Konzentration. Wenn die Ellbogen wieder nach hinten und die Daumen nach vorne gesunken sind, ist uns oftmals auch unsere Konzentration abhanden gekommen.

Grundsätzlich ist jede körperliche Haltung geeignet, die den Meditierenden in seinem Vorhaben unterstützt, den Geist zu beruhigen. Denn eine Geisteshaltung, die aufmerksam und wach und gleichzeitig entspannt und in sich ruhend ist, ist das Entscheidende bei der Meditation. Nicht zu empfehlen ist es daher, sich hinzulegen. In dieser Haltung ist der Körper leicht geneigt, in einen schläfrig machenden Nacht- oder Ruhemodus überzugehen, und man wird viel zu leicht vom Schlaf übermannt. Außerdem gehen ernsthafte Konzentration und eine liegende Haltung erfahrungsgemäß nicht Hand in Hand. Das Gleiche gilt für das Offenhalten der Augen während der Meditation. Wenn man die Augen schließt, sinkt der Körper ebenfalls in den Nachtmodus. Deshalb sollten die Augen leicht geöffnet bleiben, der Blick geht in angenehmer Entfernung vor sich auf den Boden. Achten Sie hierbei darauf, dass der Kopf aufrecht bleibt, und ziehen Sie das Kinn zurück, um die Halswirbelsäule aufzurichten.

Viele Meditationsanfänger sind allerdings zu sehr mit dem richtigen Sitzen beschäftigt. Denn sie glauben, dass ihre Meditation nur dann tief und kraftvoll sein kann, wenn sie in einer ganz bestimmten Haltung, etwa dem Lotossitz, praktiziert wird. Dass man sich nicht in Äußerlichkeiten verlieren sollte, zeigt folgende Anekdote sehr anschaulich. Ein Schüler fragte einmal seinen Meister: »Muss ich, um das Buddha-Bewusstsein zu erlangen, während meiner Meditation im vollendeten Lotossitz sitzen?« Und der Meister antwortet: »Wenn du ein sitzender Buddha werden willst?!«

Die Meditationspraxis

Bei der Achtsamkeitsmeditation versucht man, alles zu beobachten, was geschieht, ohne darauf zu reagieren und ohne zu bewerten oder darüber nachzudenken, was in einem oder um einen herum vorgeht. Ziel ist es, den Geist zu beruhigen und die oftmals ständig auftauchenden Gedanken zum Schweigen zu bringen. Der Meditierende erfährt beim Praktizieren jedoch gewöhnlich als Erstes, dass er seine Gedanken weder richtig kontrollieren kann (Übergang vom passiven zum aktiven Denken) noch in der Lage ist, das Denken zu unterlassen (Übergang zum reinen Zeugenbewusstsein oder leeren Bewusstsein).

Diese Erfahrung ist der Punkt, an dem mehr oder weniger alle, die meditieren wollen, starten. Deshalb sollte es einen nicht entmutigen, wenn sich die Erfolge im »Nicht-Denken« einfach nicht einstellen wollen. Es geht in erster Linie darum, einfach zu beobachten, wach zu bleiben und sofort zu bemerken, wenn man wieder zu denken beginnt – um das Denken und Bewerten sogleich einfach wieder loszulassen. Diese Wachheit zu halten und aufmerksam zu beobachten ist bereits ein sehr effektives Training und bereitet den Weg für weitere Erfahrungen. Ich habe mich im Laufe meiner eigenen Shikantaza-Praxis an den folgenden Satz gehalten: »Zazen zu üben bedeutet, drei Dinge zu tun: Sitzen,

Blicken, Atmen.« Sobald man bemerkt, dass man mehr oder etwas anderes tut (etwa Denken), sollte man schlicht wieder zur Übung zurückkehren: Sitzen, Blicken, Atmen. Das heißt, man fängt im Grunde ständig neu an und lässt das Denken los, sobald man es bemerkt. Der christliche Mystiker Meister Eckhart (1260–1328) erwähnt in einer seiner Predigten das »ledige Gemüt« und rät Folgendes: »Wo du dich findest, da lass von dir ab.« Damit meint er, dass man, wann immer man sein Denken bemerkt, das sich ja immer um Persönliches dreht, dieses wieder loslassen und in die Stille zurückkehren soll.

Diese Übung des Nicht-Denkens und des reinen Beobachtens kann man selbstverständlich nicht nur während der im Sitzen ausgeführten Achtsamkeitsmeditation machen. Man kann sie immer dann ausführen, wenn man eine Tätigkeit ausübt, für die das Denken nicht unbedingt erforderlich ist. Man kann beim Wäscheaufhängen üben, beim Autofahren (man ist viel konzentrierter), beim Spazierengehen (man kann die Natur mehr genießen), beim Joggen, beim Schlangestehen an der Supermarktkasse oder bei vielen anderen Gelegenheiten. Stets wird immer das Sitzen der Meditation durch die augenblickliche Tätigkeit ersetzt: Joggen, Blicken, Atmen; Autofahren, Blicken, Atmen; Wäscheaufhängen, Blicken, Atmen.

Natürlich passiert es einem beim Üben ständig, dass das Denken wieder einsetzt, sobald man die Konzentration verliert. Mit der Zeit bemerkt man jedoch, dass die Angewohnheit des Denkens und Bewertens – und das Denken ist eine Gewohnheit, die deshalb so stark ist, weil wir sie bisher ständig gepflegt haben – langsam, aber sicher einer neuen Gewohnheit weicht. Nämlich der des Beobachtens. So wie es bisher ständig in unserem Kopf unkontrolliert vor sich hinplapperte, so ist es nun immer öfters einfach still, und man bemerkt, wie sich eine segensreiche Ruhe in einem ausbreitet. Darüber hinaus stellt man früher oder später interessante Veränderungen des eigenen Bewusstseins fest. Man sieht die Dinge weniger durch den verzerrenden Filter seiner eigenen Gedanken, Wünsche, Hoffnungen und Ängste. Vielmehr sieht man sie immer mehr aus der »Vogelperspektive« des inneren Zeugen, der nicht in die Dinge verstrickt ist.

Da es anfangs zumeist nicht gelingen will, die Gedanken zu beruhigen, ist es wichtig, sich eines grundlegend klarzumachen: Man ist nicht der Gedanke, sondern derjenige, der den Gedanken bemerkt. Denn der Gedanke bezieht seine Kraft aus der Identifikation des Meditierenden mit ihm. Wenn man diese Identifikation aufhebt und sich als Beobachter des Gedankens erfährt, raubt man der Gedankenwelt ihre Dynamik. Wenn ich meditiere und mir die Gedanken ansehe, die auf der Bühne meines Geistes entstehen, wird mir Folgendes klar: Ich war schon da, bevor der Gedanke kam. Nun kann ich ihn als mentales Objekt in meinem Geist beobachten, und wenn der Gedanke wieder weg ist, bin ich immer noch da. Ich bin eigentlich dieser Zeuge, der alle mentalen Objekte wie Gedanken und Gefühle auf diese Art beobachten kann. Das Gleiche gilt für Empfindungen des Körpers oder Sinneseindrücke. Man ist immer der Zeuge, der beobachtet, nie das Beobachtete.

Von diesem Standpunkt aus betrachtet ist der innere Mensch unsichtbar. Denn alles, was beobachtet werden kann, ist allein dadurch schon Objekt und nicht mehr beobachtendes Subjekt. Der Zeuge bleibt immer der, der er ist. Er beobachtet einfach. Die Objekte, die er beobachtet, kommen und gehen, oder sie verändern sich. Es sind mentale Objekte wie Gefühle und Gedanken, der eigene Körper oder äußere Objekte in der Umgebung. Alles verändert sich, doch eines bleibt immer gleich. Nämlich das Gefühl, dass ich es bin, der all das beobachtet. Dieses Ich ist jedoch unsichtbar. Sobald ich nämlich etwas beobachten könnte, wäre wieder ich derjenige, der beobachtet, und das Beobachtete wird wieder zum Objekt. Die Trennung zwischen Subjekt und Objekt vollzieht sich also ständig und unaufhaltsam in unserem Bewusstsein. Für mich lautet die interessante Frage in Bezug auf den inneren Menschen demnach: »Was ist dieses ›Eine‹, das einfach beobachtet und das nicht gesehen werden kann, nicht gehört wird und nicht in Erscheinung tritt?« Ein Zen-Meister würde seinen Schüler vielleicht fragen: »Was ist dein Ur-Antlitz? Wie hast du ausgesehen, bevor deine Eltern geboren wurden?« Der Verstand hat keinen Zugang zu dieser Ebene der Erkenntnis, obwohl er zumindest erkennen kann, dass da etwas ist, was er nicht fassen kann. Wie will man über das Ich nachdenken, das man weder sehen noch hören, weder fühlen noch schmecken kann? Dieses Ich, das sich ständig der Objektwerdung entwindet, wenn wir es anschauen wollen, und wieder zum Subjekt wird. Der Verstand kann uns bis zur Tür bringen, doch hindurchgehen müssen wir auf andere Art. Nämlich durch eine Kraft in unserem Bewusstsein, die jenseits des Denkens liegt und auf die ich später noch ausführlich eingehen werde.

Wenn ich in der Meditation erkenne: Ich bin nichts von all dem, was ich in irgendeiner Form wahrnehme, sondern ich bin das reine Bewusstsein, der Zeuge, das Wahrnehmende, nie das Wahrgenommene, so ist das eine ungeheure Erfahrung. Die Veränderung des Selbstbildes, die mit dem Integrieren dieser Erkenntnis in die eigene Persönlichkeit einhergeht, ist fundamental. Identifikationen verändern sich hierbei.

Viele Übende erleben, dass sie lange Zeit in der Meditation damit beschäftigt sind, ihre Gedanken zu beruhigen, und sehr angestrengt mit ihnen ringen. Natürlich kenne ich selbst dieses Gefühl aus meiner eigenen Meditationspraxis. Es hat mich bei meinen anfänglichen Meditationsbemühungen sehr geärgert, dass ich anscheinend eher Zuschauer und nicht Programmdirektor in meinem eigenen Kopfkino bin. Von meinen Bemühungen um Gedankenstille erschöpft und da ich wusste, dass es anderen genauso geht, dachte ich manchmal: »Was ist der Mensch doch für eine gewaltige Fehlkonstruktion. Unser innerstes Wesen, unser Ich, ist durch unsere Gedanken verdeckt. Und obwohl wir diese Erkenntnis in Gedanken formulieren können, können wir es einfach nicht lassen zu denken. Wie absurd!« Doch eines Tages geschah während einer Meditation etwas, das vieles ändern sollte. Ich konnte plötzlich sehr deutlich erfassen und erfahren, dass all das, was ich an Gedanken und Gefühlen beobachten konnte, nicht »ich« ist und dies sich erst durch meine Identifikation mit mir verbinden kann. Dieses neue Grundgefühl in meiner Meditation bewirkte, dass ich mich durch die plappernden Gedanken nicht mehr gestört fühlte. Stattdessen erblickte ich in ihnen einen ständigen Wegweiser, der direkt auf mich zeigte. Auf ihm stand: »Zeuge!« Anstatt nun weiterhin Energie darauf zu verwenden, die Gedanken unter Kontrolle zu bringen, nutzte ich fortan die Gedanken und Gefühle dazu, mein Zeugenbewusstsein zu trainieren und Identifikationen aufzulösen. Mir wurde klar, dass die Gedanken der einzige Weg waren, auf das Nicht-Denkbare zu verweisen, das ohne das Denken nicht als das Nicht-Denkbare zu erkennen bzw. zu denken ist. Auch wenn Alltagsgedanken und die Geschichten, die das Ego alle paar Sekunden anbietet, nichts mit unserem innersten Wesen zu tun haben, das wir in der Meditation suchen und das dem Denken verschlossen bleiben muss, wurde mir klar, dass dieses scheinbar sinnlose und störende Denken dennoch einen Sinn in sich trägt.

Ein Ziel der Achtsamkeitsmeditation ist es zwar, die Gedanken zu beruhigen und den Geist klar werden zu lassen. Dennoch darf man es nicht gewaltsam erzwingen. Vielmehr muss man das Zeugenbewusstsein und die Erkenntnis nutzen, dass einem die Gedanken ständig vorführen, wer man nicht ist. »Wie praktisch«, dachte ich plötzlich, als ich merkte, dass meine vermeintlichen Gegner zu meinen Verbündeten wurden. Seit diesem Zeitpunkt stellte ich mich nicht mehr vor meine Gedanken wie ein überforderter Lehrer, der das Klassenzimmer betritt und »Ruhe!« brüllt, sondern wie einer, der die umhertobenden Schüler (Gedanken) einfach beobachtet. Der Vorteil des Lehrers ist es, dass er genau weiß, dass er nicht die Schüler ist. Mein Vorteil war, dass das Beobachten der Gedanken mit der damit verbundenen Nicht-Identifikation schon der ganze Inhalt meiner Meditation war. Ich musste nichts weiter tun, als zu beobachten und Zeuge zu sein.

Durch den sanften und rein beobachtenden Umgang mit Gedanken und Gefühlen baut man während der Meditation keine

Widerstände auf. Es ist, als ob man die Gedankenwelt sozusagen durch die Hintertür verließe, während diese dadurch in uns verstummt. Man könnte es mit einem Radiosender vergleichen, der nach und nach seine Zuhörer verliert. Früher oder später wird er sein Programm einstellen, da es keinen Sinn mehr hat, ein Radioprogramm auszustrahlen, das niemanden interessiert und mit dessen Inhalt sich niemand identifiziert. Während der Meditation beobachte ich und lasse mich nicht auf die Gedanken ein, indem ich neue Gedanken daran knüpfe, sondern ich bleibe beim Beobachten. Die Stille, die sich dann einstellt, ist eine innere Ruhe, eine Losgelöstheit, die auch da bleibt, wenn hin und wieder Gedanken auftauchen. Es ist nicht die Stille eines Geistes, der sich nach Kräften bemüht, den Deckel auf dem Topf zu halten, in dem die Gedanken brodeln. Es ist die Stille eines Geistes, der von Gedanken nicht mehr berührt wird und der sich darin als Zeugen erfährt. Er wird vom Wechsel der Erscheinungen in ihm nicht mehr bewegt. Er blickt in sein eigenes unvergängliches und unveränderliches Antlitz, gleichgültig, wie sich die Gedanken, Gefühle oder Eindrücke wandeln.

Unser Bewusstsein sollte in der Meditation sein wie ein leerer Spiegel. Er bleibt leer, egal, was ich vor den Spiegel halte und darin gespiegelt sehen will. Das heißt für die Meditationspraxis: Egal, welcher Gedanke oder welche Emotion in meinem Bewusstsein auftaucht, ich lasse mich nicht verführen, sondern bleibe unsichtbarer Zeuge. Man kann sich natürlich einen solchen leeren Spiegel nicht vorstellen, da ein Spiegel immer irgendetwas spiegelt. Aber genau darin liegt gerade die Kraft dieser Metapher. Ich kann mir ebenso wenig selbst vorstellen oder denken, wer ich als für mich unsichtbares Ich bin, und dennoch bin ich dieses unsichtbare Ich.

Stufen der
spirituellen Entwicklung durch
Achtsamkeitsmeditation

Zeugenbewusstsein

Wenn man beginnt, sich in der der Achtsamkeitsmeditation zu üben, wird man Hürden und Hindernissen begegnen, die erfahrungsgemäß zu einer spirituellen Entwicklung gehören – und die sich überwinden lassen. Eine Erschwernis in der Meditation ist die Tatsache, dass ein Mensch mit der Absicht, nicht an etwas Bestimmtes zu denken, sehr häufig zum Scheitern verurteilt ist. Nachdem Sie den Satz gelesen haben: »Denken Sie in den nächsten fünf Minuten nicht an ein Chamäleon«, werden Sie mit Sicherheit bemerken, dass Ihnen das Chamäleon ständig in den Sinn kommt. Weil ich Ihr Bewusstsein darauf gelenkt habe.

Alte Aktivität durch neue ersetzen

Ein weiteres Problem ist die Tatsache, dass der Mensch anscheinend nicht dafür konzipiert ist, etwas nicht zu tun, sondern dafür, etwas zu tun. Oder anders ausgedrückt: Er ist für die Aktivität bestimmt, nicht für das Vermeiden von Aktivität. Auf dieses Problem treffen zum Beispiel viele Menschen, die aufhören wollen zu rauchen. Wenn die alte Aktivität (das Rauchen) nur vermieden wird, führt dies an dieser Stelle zu einem Verhaltensvakuum, das den Raucher wieder sehr schnell in das alte Verhalten zurückziehen kann. Um das Vakuum zu füllen und erfolgreich zu sein, muss die alte Aktivität durch eine neue wie Sport und eine neue Einstellung zum Leben ersetzt werden. Wichtig ist, dass man nicht einfach etwas nicht tut, sondern stattdessen etwas anderes.

Auf die Meditation bezogen bedeutet dies: Ich nehme mir nicht einfach vor, nicht zu denken – auch wenn es letztendlich das erste Etappenziel der Meditation ist, das Denken zu beruhigen. Ich beschließe stattdessen, das Denken und die damit entstehenden Identifikationen durch das Beobachten der Gedanken und das Loslassen der entstehenden Identifikation zu ersetzen. Ich unterlasse also nicht einfach eine alte Verhaltensweise, sondern ersetze sie durch eine neue.

Identifikationen auflösen

Ein weiterer meiner Ansicht nach entscheidender Aspekt beim Umgang mit störenden Gedanken und Emotionen während der Meditation ergibt sich aus der Beschäftigung mit dem Begriff des Schattens aus der psychologischen Schule von Carl Gustav Jung. Kurz zusammengefasst bildet sich dieser Schatten aus allem, was wir ablehnen. Die Vorliebe für das Schöne beinhaltet die Abneigung gegen das Hässliche. Der Wunsch nach Erfolg beinhaltet die Angst vor dem Versagen. Das Lebensgefühl eines äußerst pflichtbewussten Menschen beinhaltet die Verurteilung der Nachlässigkeit. Wenn wir uns für etwas entscheiden, entscheiden wir uns automatisch gegen sein Gegenteil. Es wird in den Bereich des Schattens gedrängt und führt von da an das Dasein eines Verstoßenen, Abgelehnten. Da der Mensch aber immer beide Pole in sich trägt – auch wenn er sich nach außen hin vielleicht nur zu einem bekennt –, fängt man auf diese Weise an, Teile von sich wegzusperren oder gar zu leugnen. Der Fleißige verdrängt, dass er auch gerne einmal faul wäre. Der ständig Helfende kann nicht mehr äußern, dass er auch mal Hilfe braucht. Der Gelassene verbietet sich zu fühlen, dass manches doch an ihm nagt und ihn aufregt. Der Vorbildliche verschweigt, dass er Seiten hat, die alles andere als vorbildlich sind.

Wenn ich in der Meditation beginne, Gedanken unterdrücken zu wollen, wenn ich sie verurteile und als Gegner betrachte, konstruiere ich eine eigenartige Situation in mir. Während der »normale« Mensch sich mit seinen Gedanken und Meinungen identifiziert und zur Schattenbildung neigt, wenn es darum geht, das Gegenteil dessen zu akzeptieren, was er gerne an sich sieht, kreiert sich der Meditierende, der seine Gedanken bekämpft, einen ungleich größeren Schatten. Er will zur Quelle seiner selbst. Er will den Vorhang zur Seite schieben, und er möchte dazu die Gedanken überwinden. Dabei übersieht er jedoch, dass das Undenkbare, das wir in uns ahnen und zu dem es uns hinzieht, nur durch die Gedanken als solches gedacht und erkannt werden kann. Es ist also sinnlos, böse auf sie zu sein und sie zu »verteufeln«. Es ist, als ob man die Kälte hasste, weil man die Wärme so liebt, und dabei übersieht, dass es Wärme ohne den Gegenpol der Kälte überhaupt nicht gäbe, ja dass in jeder Wärme ein nicht kleiner Anteil Kälte vorhanden ist, sonst wäre die Wärme eine unbeschreiblich große Hitze. Bei der Bemühung um Gedankenstille muss man erkennen, dass die Gedanken nicht durch Kampf und Unterdrückung überwunden werden können, sondern indem man beobachtet und Identifikationen auflöst. Die Gedanken werden so zu einer Plattform des Bewusstseins, die man nutzt, um weiter zu kommen. Mir kam einmal das Bild eines Stockwerkes in einem Hochhaus in den Sinn. Wenn ich in den fünfzehnten Stock eines Hochhauses möchte, um die herrliche Aussicht zu genießen, bin ich den unteren Stockwerken nicht böse, dass sie mir im Weg sind. Denn sie sind der Weg, den ich gehen muss, um in den fünfzehnten Stock zu gelangen. Ohne die unteren Stockwerke gäbe es den fünfzehnten Stock nicht. Wir erkennen die Welt der Gedanken somit als eine mögliche Ebene in unserem Bewusstsein, neben der es durchaus andere gibt.

Identifikationen aufzulösen ist der entscheidende Schritt aus der Welt der Gedanken. Dieser Gesetzmäßigkeit, die man während der Meditation erlebt, kann man auch im Alltag beim Umgang mit Emotionen begegnen. Wenn einen im Alltag etwas ärgert, gibt es mehrere Möglichkeiten, wie man sich verhalten kann. Entweder kann man den Ärger herunterschlucken, dabei aber innerlich weiter unter ihm leiden. Oder man macht ihm Luft und bläst demjenigen Menschen gehörig den Marsch, der Anlass des Ärgers ist. Man könnte aber auch einen dritten Weg einschlagen und die Identifikation mit dem Ärger auflösen. Weil man ihn genauso als »Störenfried« erkannt hat wie die Situation, die ihn ausgelöst hat. Beide haben nicht das Recht, den Seelenfrieden zu gefährden oder einem den Spaß am Leben zu verderben.

Es gibt selbstverständlich auch Situationen, in denen es sinnvoll scheint, dem Gegenüber zu sagen, dass sein Verhalten nicht o. k. ist und in uns negative Emotionen hervorruft. Wenn man das auf konstruktive Art und Weise tut und die Situation damit verbessern kann, anstatt sie weiter zu verschlechtern, ist das meiner Ansicht nach absolut gerechtfertigt. Viele Menschen fahren aber in Situationen aus der Haut, in denen ein anderer sagen würde: »Dies ist kein Grund, sich aufzuregen.« In den seltensten Fällen verhält es sich so, dass jemand wirklich objektiv betrachtet Unrecht tut und ein anderer völlig zu Recht verärgert reagiert. Oftmals sind es verschiedene Blickpunkte auf eine Sache, die zu Meinungsverschiedenheiten oder Ärger führen. Oder es sind Dinge, an denen man nichts ändern kann, wie ein Stau auf der Autobahn, der sich eben nicht plötzlich in Luft auflöst, nur weil man sich ärgert. Sobald man sich klar darüber geworden ist, dass die entstandene negative Emotion derlei Situationen, die einfach zum Leben gehören, nicht ändert und man sich durch seinen Ärger und die Wut die Möglichkeit nimmt, sich an seinem Leben zu erfreuen, kann man in einem Stau eine Chance sehen, das Auflösen der Identifikation mit negativen Emotionen zu üben. Das Leben ist voller Dinge und Situationen, die man als nicht ideal empfindet. Man kann folglich entweder ständig genervt sein und verbissen daran festhalten, im Recht zu sein. Oder man wacht auf und bemerkt, dass man viel mehr unter seiner Einstellung zu den Dingen leidet als unter den Dingen selbst.

Nun ist es meiner Erfahrung nach so, dass sehr viele Menschen mehr oder weniger bewusst den Gedanken vertreten, dass der Ärger heraus muss. Weil sich sonst – so die medizinische Laienansicht – irgendwann psychosomatische Symptome einstellen. Sie glauben, dass derjenige, der seinen Ärger herunterschluckt, statt ihm Ausdruck zu verleihen, irgendwann an einem Magengeschwür erkranke oder vielleicht sogar Krebs bekomme. Die Aggression richtet sich ihrer Ansicht nach sozusagen nach innen, gegen den Körper, wenn sie nicht heraus darf. Viele Menschen, die ihre Einstellung zu negativen Emotionen ändern wollen, werden das Loslassen des Ärgers wie ein Unterdrücken der Emotion empfinden. Dass man sich damit schadet, wenn man sich unter Kontrolle hat und sich nicht der Wut hingibt, ist jedoch ein Irrglaube. Wie der Psychologe Martin E. P. Seligmann schreibt, entsteht dieser Irrglaube durch eine weithin geglaubte Theorie. Es handelt sich dabei um die Theorie von der Hydraulik der Emotionen, die auf Sigmund Freud zurückgeht. Emotionale Hydraulik ist die eigentliche Bedeutung des Wortes »Psychodynamik«. Emotionen werden bei dieser Theorie als Kräfte innerhalb eines Systems angesehen, das eingeschlossen ist in eine undurchdringbare Membran – wie in einem Ballon. Das bedeutet, dass eine Emotion, wenn man sich verbietet, sie auszudrücken, an anderer Stelle zutage tritt; in aller Regel als unliebsames Symptom. Deshalb ist es sozusagen gesund, seinem Ärger Ausdruck zu verleihen. Wir schreien, wir protestieren, wir streiten. Wir leisten uns diesen Luxus, weil wir an die psychodynamische Theorie des Zorns glauben. Mittlerweile hat sich jedoch in zahlreichen Studien gezeigt, dass diese Theorie falsch ist. Tatsächlich ist das Gegenteil richtig. Man hat zum Beispiel in der Langzeitstudie von Williams, Barefoot und Shekelle (»The health consequences of hostility«, 1985) Mediziner mit Hilfe von Persönlichkeitstests untersucht und herausgefunden, dass nach einem Zeitraum von 25 Jahren die Ärzte mit der größten Wut fünfmal so viele Herzkrankheiten hatten als die am wenigsten feindseligen. Wer ist also unser größter Gegner: die vermeintlich nervende Situation oder unser Ärger, den wir nicht loslassen können? Packen wir die Wut oder packt die Wut uns?

Eine gute Methode, impulsive Reaktionen zu vermeiden, ist, sich nicht der ersten Emotion zu überlassen, die einen in einer unangenehmen Situation befällt. Besser ist es, erst einmal abzuwarten und zu beobachten (Zeuge), ob wirklich alles so schlimm ist, wie man glaubt, oder ob jemand eine Äußerung wirklich so verletzend gemeint hat, wie es auf den ersten Blick schien. Selbst wenn dies der Fall sein sollte, kann man sich immer noch fragen, ob man sich auf dieselbe Ebene begeben will, indem man aus allen Rohren zurückschießt oder ob man aus dem sich anbahnenden Kreislauf gegenseitiger Vorwürfe oder Anfeindungen heraustreten will. Wenn mich ein kleiner Hund anbellt, der vor einem Laden angebunden ist und auf sein Herrchen wartet, dann denke ich: »Ach, der kleine Kerl. Er hat es auch nicht leicht. Sitzt hier verängstigt und unruhig vor dem Laden und weiß sich nicht anders zu helfen, als zu bellen.« Es wäre eigenartig, sich angesprochen zu fühlen und »zurückzubellen«. Warum nicht diesen ruhigen, beobachtenden Standpunkt einnehmen, in dem wir sowohl den anderen als auch uns einfach beobachten, wenn ein anderer Mensch verängstigt und unruhig durchs Leben stolpert und einen »anbellt«? Der Beweggrund seiner Aggression ist wahrscheinlich der gleiche wie der des kleinen Hundes: Angst. Wir können zulassen, dass unser Gegenüber unsere Angst in uns anspricht und weckt und somit unsere Aggression herausfordert. Oder wir beobachten und lassen los.

Die gleiche Methode des ruhigen und distanzierten Beobachtens der äußeren wie inneren Vorgänge kann man auch auf Situationen des Lebens anwenden, die man gemeinhin als »höhere Gewalt« bezeichnet. Es gibt eine schöne Geschichte von einem alten Weisen, der sich ein Bein bricht und ins Krankenhaus kommt. Seine Verwandtschaft besucht ihn umgehend und bedauert ihn wegen des Pechs, das er hatte. Er sagt dazu nur: »Wenn ihr meint.« Am nächsten Morgen kollidiert die Bahn, mit der der alte Mann morgens immer zur Arbeit fährt, mit einem anderen Zug. Viele Menschen werden verletzt oder sterben. Die Verwandtschaft erzählt ihm davon bei ihrem Besuch am nächsten

Tag und beglückwünscht ihn dafür, dass er an diesem Tag im Krankenhaus und nicht in der Bahn gewesen ist. »Was für ein Glück du doch letztendlich hattest«, sagen sie. Und er erwidert: »Wenn ihr meint.« Dann stellt sich heraus, dass das Lotterielos, das er zwar ausgefüllt hatte, aber wegen des Krankenhausaufenthaltes nicht rechtzeitig abgeben konnte, ein Volltreffer gewesen wäre. Auf die direkt folgenden Mitleidsbekundungen über dieses große Pech, sagt der alte Weise ebenfalls: »Wenn ihr meint.«

Die Geschichte zeigt, dass das Leben voller Höhen und Tiefen, voller Situationen ist, die unseren Lebensweg formen und Bedeutungen in sich tragen, die oftmals erst später für uns sichtbar werden. Deshalb sollten wir uns ein wenig wie der alte weise Mann verhalten und den Lauf der Dinge heiter und gespannt verfolgen, anstatt uns voreilig zu Schlussfolgerungen hinreißen zu lassen.

Die nötige Distanz, die man braucht, um nicht von dem ersten durch eine Emotion ausgelösten Impuls einer Emotion fortgerissen zu werden, erreicht man durch das Zeugenbewusstsein. Wer sich im Beobachten seiner selbst übt, wird immer schneller in der Lage sein zu erkennen, wann er in Verhaltensmuster zurückfällt, die er überwinden wollte. Der Aufbrausende etwa wird sich in einer Schlüsselsituation als leicht reizbar erkennen. Der Depressive wiederum wird bemerken, wann er in eine gewisse Stimmung kippt, die ihm nicht nützt. Beobachten Sie Ihre Gedanken, beobachten Sie Ihre Stimmungen. Wenn Sie sich darin konsequent üben, wird Ihre Einstellung zu Ihren Emotionen sich stark verändern. Bald werden Sie das Ausleben von Emotionen nicht mehr prinzipiell als Ausdruck von Freiheit erleben, sondern Sie werden ebenfalls die Unfreiheit des Ausleben-Müssens darin erkennen. Sie brauchen auch keine Angst davor zu haben, dass Sie die Lebendigkeit Ihres Gefühlslebens einbüßen werden und am Ende Ihrer Bemühungen um innere Ruhe und Gelassenheit wie ein teilnahmsloser Roboter ohne jedes Gefühl durch die Gegend laufen. Denn das Gegenteil davon wird der Fall sein. Wenn Sie die auslösenden Impulse Ihrer Emotionen durch die in der Übung neu gestärkten und gewonnenen Kräfte besser erkennen und kontrollieren können, wird es Ihnen leichter fallen, sich von Impulsen zu trennen, die Ihnen schaden. Gleichzeitig wird es Ihnen leichter fallen, sich den Gefühlen hinzugeben, die sich Ihnen nicht in den Weg stellen, sondern die Ihr Leben verbessern und bereichern.

Entscheidend für den Erfolg Ihrer Bemühungen wird sein, wie wahrhaftig Ihr Weg ist. Wenn Sie einfach zu sich sagen: »Ärger ist böse und schlecht für mich, ich darf so etwas nicht fühlen und verbiete es mir«, dann bilden Sie erneut einen Schatten in sich und haben nichts gewonnen. Ärger ist nicht böse und schlecht für Sie. Ärger kann durchaus angebracht sein und in Ihnen Energien mobilisieren, die Ihnen helfen, sich aus der Situation zu befreien, die Sie gefangen hält und verärgert. Ärger kann aber auch unangebracht sein und Ihnen im Weg stehen. In geistigen Welten gilt ein Grundsatz: Nichts ist immer wahr. Und manchmal sind sogar zwei Dinge die einander widersprechen, beide zugleich wahr. Vergessen Sie deshalb die einfachen Lösungen und die Kalenderspruch-Lebensmotto-Weisheiten. Es kann durchaus sein, dass Ihr Ärger gerechtfertigt ist und er zugleich Züge in sich trägt, die Sie über das Ziel hinausschießen lassen. Der Grund liegt darin, dass sich der Ärger über den aktuellen Anlass mit dem Ärger in Ihnen verbindet, der vielleicht prinzipiell in Ihnen vorhanden ist. Es bedarf einer gehörigen Portion Weisheit, zwischen diesen beiden Gesichtern einer Emotion zu unterscheiden. Aber Sie werden erleben, wie die Aufmerksamkeitsmeditation diese Weisheit in Ihnen weckt. Es kann auch sein, dass der Ärger in Ihnen gerechtfertigt ist. Aber die Art und Weise, wie Sie ihn äußern, verletzt Ihr Gegenüber und wirkt sich destruktiv auf die Situation aus. Auch dann haben Sie nichts gewonnen. Denn Ihr Gegenüber wird sehr wahrscheinlich den Rollladen herunterlassen, wie man so schön sagt, oder er wird ebenfalls verletzend. Auch hier ist die eingeschobene zweite Instanz des Zeugenbewusstseins zwischen emotionalem Impuls und der dadurch ausgelösten Handlung oftmals ein Segen.

Vom Denken zum Wahrnehmen

Wenn man es nach und nach schafft, in der Meditation und auch im Alltag das Denken loszulassen, werden dadurch Bewusstseinskräfte frei, die zuvor an das Denken gebunden waren. Wenn ich nicht mehr ständig mit dem Denken beschäftigt bin, wird sich mein Bewusstsein automatisch zum Wahrnehmen hin verlagern. Diese Verlagerung der Geistesaktivität vom Denken zum Wahrnehmen ist ein entscheidendes Merkmal eines sich durch Meditation verändernden Bewusstseins.

Denken und Wahrnehmen scheinen sich grundlegend zu behindern. Genau betrachtet schließen diese Aktivitäten sogar einander aus. Wenn ich angestrengt über etwas nachdenke und meine ganze Konzentration auf den inneren Vorgängen des Denkens ruht, fällt es mir schwer oder ist es mir sogar unmöglich, mich auf etwas anderes zu konzentrieren, das sich in meiner Umgebung abspielt. Wenn etwa ein Schulkind mit schwierigen Mathematikhausaufgaben beschäftigt ist, wird es der Qualität seiner Berechnungen nicht zuträglich sein, wenn nebenher das Fernsehgerät läuft oder andere ablenkende Dinge aus der Außenwelt auf es einwirken.

Im umgekehrten Fall ist eine gesteigerte Wahrnehmung nur dann möglich, wenn das Denken aussetzt. Wenn ich voll und ganz in einer Tätigkeit aufgehe und im »Flow« bin, dann ist jedes Denken unnötig und kontraproduktiv. Wenn ich zum Beispiel als Sportler in den Flow-Zustand gelange und sich alle Bewegungsabläufe elegant und perfekt aneinanderfügen, wenn ich als Musiker in einer Improvisation völlig im Klang aufgehe und von der Kraft meiner Inspiration getragen werde, oder auch wenn ich einfach einen Sonnenuntergang betrachte und die ganze Stimmung dieses magischen Momentes in mich aufsauge, dann ist jeder Gedanke überflüssig und eher hemmend. In diesem Flow-Zustand passieren die Dinge einfach, sie sind, wie sie sind. Ich reflektiere nicht darüber, ich frage mich nicht: »Wie ist es gerade? Ist es außergewöhnlich und gut? Und wenn ja, warum?« Solche

Gedanken würden den Moment der Wahrnehmung, in dem ich voll und ganz im Sein aufgehe und das bin, was passiert, gefährden. Ich bin nicht mehr nur der Zeuge, sondern plötzlich das Bezeugte. Wenn ich gehe, bin ich das Gehen, wenn ich lache, bin ich das Lachen. Da ist keine Trennung mehr in unserem Bewusstsein. Es gibt nicht mich und das Gehen oder mich und das Lachen.

Wer permanent denkt, leidet meiner Meinung nach häufig unter einer dadurch in seinem Bewusstsein entstandenen Erlebnisarmut. Wer nun diesem unbefriedigenden Zustand abhelfen möchte, kann zwischen mehreren Möglichkeiten wählen. Er kann zum Beispiel versuchen, die Menge des Inputs zu erhöhen. Dies geschieht meiner Beobachtung nach heutzutage überall, und man kann, wie ich finde, daran leicht erkennen, wie flach und betäubt die Wahrnehmung bei vielen Menschen geworden ist. Manche Menschen fühlen sich anscheinend nur noch in der völligen Reizüberflutung gut unterhalten: Ein Action-Film auf der heimischen 5.1.-Surround-Anlage, eine Tüte Chips und ein Bier, und der Abend ist gerettet. Alle Sinne werden bedient. Mittlerweile denkt die Unterhaltungsindustrie sogar darüber nach, Kinos mit Düsen auszustatten, die Duftstoffe versprühen, die den Situationen im Film entsprechen. Auch Musikdarbietungen tragen meiner Ansicht nach immer öfter die Züge eines Versuches, die Aufmerksamkeitsdefizite des Publikums zu bedienen. Während im Grunde gute Musik reichen würde, ist es etwa in der Popmusik seit langer Zeit üblich, ein Konzert durch zahlreiches »Zubehör« aufzupeppen. Ein Popstar, der sich heutzutage ohne Lightshow, Lasershow, Pyrotechnik, Nebel, sich bewegende Bühnenelemente und eine ganze Horde Tänzer auf die Bühne wagt, scheint alle Trends moderner Musikdarbietung verschlafen zu haben. Die wie es scheint für gute Unterhaltung nahezu zwingend gewordene Überflutung aller Sinne ist in meinen Augen ein deutliches Zeichen dafür, dass man versucht, dem Menschen eine große Menge an Reizen zu bieten – oftmals auch, um damit darüber hinwegzutäuschen, dass die eigentliche Substanz des Dargebotenen mehr als dünn ist. Es ist aber erwiesen, dass der Mensch immer nur eine Sache wirklich wahrnehmen kann, während die anderen Eindrücke hintanstehen. Unterhaltung wird unter diesem Gesichtspunkt zu einer bewusst kalkulierten Überforderung des Wahrnehmungsvermögens, die häufig auch den normalerweise für Unterhaltung nötigen ergreifenden Inhalt des Dargebotenen ersetzt. Spezialeffekt-Orgien ersetzen für mich jedoch kein gutes Drehbuch, und eine bombastische Lightshow kann fehlendes Charisma der Akteure auf der Bühne nicht ausgleichen.

Ähnliches habe ich bei der Schnitttechnik von Spielfilmen oder Fernsehsendungen beobachten können. Auf dem Musikkanal MTV etwa wird man fast jede Sekunde mit einer neuen Einstellung konfrontiert. Sie beschäftigt einen allein schon dadurch, dass man zu erfassen versucht, was man gerade gesehen hat. Diese Dauerbeschäftigung durch das reine innere Verwalten von Eindrücken ist aber, wenn der Inhalt letztendlich nicht bewegt, äußerst frustrierend. Deshalb fühlen sich Menschen nach einem Fernsehabend, an dem sie von einem Kanal zum anderen gezappt haben, wie gerädert. Obwohl sie den ganzen Abend lang berieselt wurden, haben sie eigentlich nichts erlebt. Die Stimmung, in die man meiner Ansicht nach während dieser Zeit verfällt, gleicht psychologisch betrachtet der einer milden Depression. Man erträgt sie nur, weil einen die Müdigkeit am Aufstehen hindert und man sich wenigstens nicht anstrengen muss, während man das TV-Programm konsumiert. Außerdem kann man so vor der Frage flüchten, was man stattdessen Schönes und Beseelendes mit seiner Zeit auf Erden hätte anfangen können.

Viele Menschen fühlen sich weder durch ständig im Hintergrund dudelnde Musik noch durch sonstige permanente und unnötige Reize gestört. Hinter all der Bereitschaft, sich gerne in die Hände einer von außen diktierten oder zumindest gelenkten Gedankenwelt (wie ein im Hintergrund laufendes Radio- oder Fernsehgerät) zu begeben, zeigt sich auch, wie sehr die Stille von vielen Menschen gemieden wird. Stille scheint etwas zu sein, das dem Menschen fremd und unheimlich geworden ist. Einige Radiosender spielen sogar zum Wetterbericht leise Musik ein, einzelne Berichte werden nahtlos ineinander übergeblendet oder durch Trailer verbunden. In Supermärkten spielt Musik, auf Bahnhöfen zeigen meterhohe Displays Werbebotschaften, und auch am Telefon wird man mit Musik in der Warteschleife bei Laune gehalten. Momente der Stille, und seien sie auch nur eine Sekunde kurz, werden offenbar mit allen Mitteln vermieden. Auch in vielen Lokalitäten sitzen die Menschen und ertragen die Beschallung durch Musik in einer Lautstärke, die eine Unterhaltung manchmal fast unmöglich macht. Wenn man sich die Gesichter dieser Menschen ansieht und sich die Musik wegdenkt, wird einem schnell klar, dass hier allein durch laute Musik suggeriert werden soll, dass »etwas los ist«. Wenn man die Musik abschaltet, fiele es den meisten vermutlich sofort auf, wie wenig tatsächlich los ist. Denn die wenigsten unterhalten sich angeregt oder erleben durch die Musik wirklich etwas, zumal in den wenigsten Lokalitäten noch getanzt wird.

Meiner Beobachtung nach hat sich mitten in der Reizüberflutung eine Erlebnisarmut breitgemacht, die man nicht dadurch überwinden kann, dass man den Input erhöht. Um aus dem Teufelskreis der Reizüberflutung auszubrechen, der meine Fähigkeit zur Wahrnehmung nur immer weiter verflachen lässt, kann ich aber auch die Art und Weise meines Erlebens, also die Qualität der Wahrnehmung, ändern. Oberflächlich wahrzunehmen bedeutet, dass man nur noch auf die Informationen achtet, für die man schon in der Vergangenheit Begriffe gebildet hat. Wenn ich einen Menschen, ein Auto oder einen Baum anblicke, dann reicht schon ein kurzer Blick, um zu erkennen, um was es sich handelt. Mit diesem Erfassen von nötigen Informationen endet meistens unser Erleben der Dinge, das aber auf diese Art kein wirkliches, beseelendes Erleben sein kann. Ein kleines Kind hat im Gegensatz zu uns Erwachsenen noch keine Begriffe gebildet. Alles muss genau betrachtet, angefasst, geschmeckt und erfahren werden. Deshalb ist das Erleben eines kleinen Kindes so reich und seine Welt voller Wunder und Anregungen. Der erwachsene Mensch vermisst oftmals diesen Reichtum unmittelbarer Erfahrung und verarmt in seinen Begriffen von der Welt, die seine Erfahrung ersetzt haben. Auf diese Art entsteht Alltag, Routine und Erlebnismangel. Dabei sagen uns die Begriffe so wenig über unsere Welt; genauso wenig, wie das Wort »Gott« etwas über Gott aussagt. Das unnennbare Wunder, welches in allem steckt, wird durch einen Begriff ersetzt, der gleichzeitig das wahrhaftige Erleben der Dinge behindert oder sogar enden lässt. Man lässt sich durch den Begriff nicht mehr vom Wunder des Unsagbaren und Unerklärlichen berühren. Was ist ein Stein? Was ist ein Blatt, eine Welle, der Wind? Welche unzähligen Erscheinungsformen gibt es von all dem? Was macht es mit uns? Was entsteht in uns? Wie ist unser inneres Bild davon?

Erleben statt Denken

Man kann sich in der Wahrnehmung schulen, in dem man sich einen Gegenstand ansieht und anschließend versucht, ihn sich in Gedanken vorzustellen. Dabei wird man bemerken, dass dieses innere Abbild meist sehr blass und verschwommen ist und schnell wieder entschwindet. Die Fähigkeit zur Imagination kann man durch einfache Übungen wieder zum Leben erwecken und stärken. Mit der Kraft der inneren Bilder wird auch unser Erleben wieder reicher. Zugleich wird man erleben, dass bei Imaginationsübungen Begriffe nicht weiterhelfen. Wenn ich mir einen Stein in allen Details vorstellen will, reicht es nicht, »Stein« zu denken. Seine Farbe, die Struktur, die kleinen Unebenheiten, sein Gewicht, ob er sich warm oder kalt anfühlt, sein Geruch, ob er rau oder glatt, nass oder trocken ist, all dies sind Details und sinnliche Eindrücke, die für mein wirkliches Erleben wichtig sind. Nur durch das Wahrnehmen dieser Details betrete ich die Welt unmittelbarer Erfahrung, die in ihrer Wirkung in mir nicht im Geringsten durch Begriffe erfassbar ist. Dies ist der Grund, warum man einem blind geborenen Menschen niemals erklären kann, was »grün« ist. Unsere Begriffe sagen im Grunde nichts über das wahre Wesen der Dinge aus. Sie sind lediglich Platzhalter. Diese Platzhalter und unsere Meinung darüber sind aber nicht die Wirklichkeit. Wer dies versteht und sich von der Diktatur der Begriffe des Denkens befreit, hat einen großen Schritt in Richtung wahrhaftiges Erleben getan.

Ein zweiter Aspekt eines wahrhaftigen Erlebnisses ist das spätere Reflektieren. Wenn ich mir alle Details eines Erlebnisses noch einmal vor Augen führe und darüber nachsinne, was ich erlebt habe, beschenke ich mich zum zweiten Mal. Hier hat das Denken und die Imagination im Sinne eines Sich-noch-einmal-bewusst-Werdens und Einordnens des Erlebten eine starke Berechtigung. Die Erinnerungen sind jedoch umso reicher, je ungetrübter und freier von Gedanken die Wahrnehmung im Moment des Erlebens ist.

Das Denken ist selbstverständlich ein absolut sinnvoller Bestandteil meines Bewusstseins, solange ich es als Werkzeug sehe, das ich benutzen kann, wenn ich es brauche, das ich aber auch zur Seite legen kann, wenn ich es nicht brauche. Auch hier gilt wieder: Ich bin nicht das Denken, sondern derjenige, der sich des Denkens bedient. Wenn ich es jedoch nicht mehr schaffe, das Denken abzustellen, stimmt etwas nicht. Dann gleicht das Denken, das ein Werkzeug sein sollte, einem Hammer, der plötzlich selbst entscheiden will, wann er eingesetzt wird und wozu man ihn benutzt. Dieser Hammer sieht dann plötzlich in allem einen Nagel, und obwohl er als Werkzeug in sehr vielen Fällen völlig ungeeignet ist, fangen wir zwanghaft an, auf alles einzuschlagen, was eigentlich einer ganz anderen Behandlung bedürfte. Der Hammer ist jedoch auch nur ein Werkzeug. Deshalb sollten wir in der Lage sein zu entscheiden, was wir damit tun wollen und zu welchem Zeitpunkt. Wir sollten das Denken benutzen, wie ein Meister des Schwertkampfes sein Schwert. Das Schwert ist in seiner Scheide. Erst dann, wenn ich es brauche, ziehe ich es und mache den entscheidenden Hieb, um es im Anschluss sofort wieder in die Scheide zu stecken. Das heißt, ich laufe nicht ständig tollpatschig mit dem Schwert in der Hand durch die Gegend, stolpere darüber und verletze mich aus Versehen damit. Wenn wir das Denken auf die gleiche Art betrachten und uns fragen, ob wir der Herr oder der Sklave dieses Werkzeuges sind, sind wir auf dem richtigen Weg. Der wirklich lebendige Inhalt unseres Bewusstseins und der Reichtum unseres Lebens kommen aus dem Erleben, nicht aus dem Denken, das lediglich ein Werkzeug ist, mit dem man reflektieren, sortieren und bewerten kann.

Das bedeutet selbstverständlich nicht, dass Denken nicht lebendig und wundervoll sein kann. Aber es darf nicht mein wahrhaftiges Erleben der Welt verbauen oder unkontrolliert filtern. Sonst entferne ich mich von der beseelenden Realität und schneide mich ab vom Strom des lebendigen Erfahrens.

Die Drei-Punkte-Übung

Mit der so genannten Drei-Punkte-Übung können Sie Ihre Fähigkeit zur Wahrnehmung trainieren. Sie kann jederzeit durchgeführt werden, auch wenn gerade keine Zeit für tiefe Meditation ist. Probieren Sie sie am besten sofort aus. So geht es: Angenommen, Sie sitzen gerade bequem auf der Couch, während Sie dieses Buch lesen. Nehmen Sie nun drei Dinge gleichzeitig wahr. Spüren Sie, wie sich Ihr Rücken anfühlt, mit dem Sie sich anlehnen. Nehmen Sie wahr, wie es sich anfühlt, das Buch in Ihren Händen zu halten, und nehmen Sie das Gefühl Ihrer Füße auf dem Boden wahr. Versuchen Sie alle drei Dinge wahrzunehmen, und zwar für die nächsten 20 Sekunden. Tun Sie es. Jetzt!

Was haben Sie erlebt? Üblicherweise vergegenwärtigt man sich erst einmal eines der wahrzunehmenden Dinge, etwa das Gefühl des Rückens. Dann geht man weiter zu den Händen oder zu den Füßen. Wie auch immer, es geschieht – wenn auch vielleicht sehr schnell – nacheinander. Man beginnt, zwischen den drei Punkten hin- und herzuspringen und lenkt die Wahrnehmung einmal auf dieses, einmal auf jenes. Irgendwann kommt man an den Punkt, an dem dieses Springen aufhört, und man beginnt, alle drei Punkte in einer neuen Art und Weise wahrzunehmen. Man verhält sich hier wie ein Kung-Fu-Kämpfer, der seinem Gegner weder auf die Fäuste schaut noch auf die Beine und auch nicht prüfend in die Augen. Er ist stattdessen wachsam und nimmt alles gleichzeitig an seinem Gegner wahr. Deshalb ist er auch nicht anfällig für Finten und angetäuschte Angriffe. Er hat einen leeren Blick, der genau dadurch den Überblick behält, weil er sich durch nichts vereinnahmen lässt und dennoch alles wahrnimmt. Wenn ich dieses leere Bewusstsein erreiche, indem ich alle drei Dinge gleichzeitig wahrnehmen kann, entfaltet die Drei-Punkte-Übung ihre Kraft. Ein weiterer Effekt der Übung ist, dass man dabei sofort aufhört zu denken. Denn Wahrnehmung und Denken schließen, wie gesehen, einander aus. Wenn ich meine Wahrnehmung durch die Drei-Punkte-Übung intensiviere, hat das Denken keine Chance mehr, einen Platz in meinem Bewusstsein einzunehmen.

Grundsätzlich ist sowohl Wahrnehmen als auch Denken notwendig, um unser Leben und sein wirkliches Erleben reich und erfüllt zu machen. Alles beginnt aber mit der Wahrnehmung. Je ungetrübter sie durch das Denken oder Begriffe ist, desto mehr vermittelt sie neben dem Erfahrenen auch stets ein Gefühl von Wahrhaftigkeit und Lebendigkeit. Diese beiden Faktoren sind es, die den Wert der Erfahrung für uns definieren. Darin liegt der Unterschied zwischen einem Tag voller glückseliger Erlebnisse, an die man noch lange zurückdenken wird, und einem grauen Tag voller Routine und Langeweile, den man am liebsten schnell vergisst. Oftmals empfinden Menschen ihr Leben jedoch als langweilig und nicht besonders aufregend. Sie fühlen sich im Alltag gefangen und haben das Gefühl, dass triste Routine ihr Leben bestimmt. Meiner Meinung nach liegt das Problem häufig allerdings ganz woanders. Viele Menschen sind, wie schon zuvor erläutert, nicht mehr in der Lage, wahrhafte Erfahrungen zu machen und sich lebendig zu fühlen, weil alle lebendige Erfahrung durch das Denken unmöglich gemacht wurde. Viele seelische Erkrankungen hängen damit zusammen, dass Menschen in ihrer

Innenwelt der Gedanken und Gefühle so versunken und gefangen sind, dass es für sie keine Möglichkeit mehr gibt, einfach objektive Realität oder vielleicht sogar wahrhaftige Momente zu erleben. In ihrer scheinbar ausweglosen Situation greifen dann viele zu Alltagsdrogen wie Alkohol und manche zu Cannabis, das ebenfalls das Denken hemmt oder benebelt. Es ermöglicht damit zwar keine wahrhaftigen Erfahrungen der Realität. Aber es ermöglicht, die Realität abzudämpfen, sowie eine trügerische und angenehm benommene Erfahrung des eigenen Selbst. Abgesehen von der veränderten Wahrnehmung des Selbst tauschen diese Menschen ihre alltäglichen Gedanken (mit dem damit verknüpften Selbstbild und Lebensgefühl) gegen angenehmere, berauschte Gedanken ein. Diese fühlen sich zwar gut an, haben aber noch weniger mit der Realität zu tun als die normalen Gedanken. Anstatt einen Schritt aus dem Denken heraus in die Wahrnehmung zu tun, machen sie, vermutlich ohne sich dessen bewusst zu sein, einen Schritt in die andere Richtung. Sie verrennen sich noch tiefer in einen Bereich der selbst geschaffenen Innenwelt (die das Denken letztendlich darstellt), die umso verheerender ist, je weiter sich ein Mensch in diesem Zustand von der Realität entfernt. Drogen sind in unserer Gesellschaft mittlerweile allgegenwärtig. Doch die Erfahrungen, die wir mit ihnen machen können, sind durch ihre Beschaffenheit vorgegeben und führen uns nicht in die Freiheit. In diesem Griff nach Alltagsdrogen steckt meiner Ansicht nach ebenfalls der Wunsch nach Überwindung der personalen Grenzen des Bewusstseins, was auch ein Bemühen der Meditation ist. Aber anstatt ihre Überwindung zu ermöglichen, verschleiert man die Grenzen durch den Drogenkonsum nur. Dies führt bestenfalls zu rauschhaftem Erleben und Benommenheit, aber niemals zu erweitertem und wahrhaftigem Bewusstsein. Der Unterschied zwischen Meditation und Rauschzustand ist das tatsächliche Überwinden der Grenzen des Personalen (transpersonales Bewusstsein) im Gegensatz zum vorübergehenden Verwischen und Vernebeln der Grenzen. Nun ist das Problem mit den Menschen und ihrem Willen zu wahrhaftigen Erfahrungen, wie der chinesische Zen-Meister Ta-hui Tsang-kao (1089–1163) schrieb, dass es in unserem Bewusstsein etwas gebe, das weder anderen mitgeteilt noch von anderen gelernt werden könne, und dass das Problem bei den meisten Menschen darin bestehe, dass sie tot seien und nicht wiederbelebt werden wollten. Damit meint er, dass die Menschen oftmals zu müde sind und sich zu sehr an die Verwirrungen des Geistes gewöhnt haben, um ernsthafte Versuche zu unternehmen, sich aus dieser Misere zu befreien.

Um bewusstseinserweiternde und vernebelnde Wege zu unterscheiden, sind Antworten auf folgende Fragen hilfreich:

1. Erreiche ich den angestrebten Bewusstseinszustand aus eigener Kraft oder brauche ich dazu diverse Hilfsmittel und mache ich mich dadurch abhängig von diesen?

2. Ermöglicht mir dieser Weg, charakterliche Stärken zu entwickeln, die mich liebevoller, geduldiger, toleranter und ausgeglichener machen. Oder vernebelt er nur meine Aggressionen, meine Ängste und das Gefühl von Sinnlosigkeit in meinem Leben, bis die Wirkung der Droge nachlässt und alles wieder ist wie zuvor?

Erleben statt Bewerten

Wenn man tief genug in das reine Wahrnehmen ohne Bewertung abgesunken ist, bemerkt man, dass die Dinge ihren gewohnten Geschmack verlieren. Das hat auch zur Folge, dass Schmerz und Unwohlsein, wie sie etwa bei einer Grippe auftreten, nicht mehr primär als negativ empfunden werden, sondern einfach als dass, was sie sind. Man könnte nun meinen, dass Schmerz doch ganz einfach Schmerz sei. Egal wie man ihn deutet: Er schmerzt einfach, und man braucht ihn nicht zu interpretieren, um ihn zu spüren. Wenn man in der Meditation in der reinen Betrachtung versunken ist, wird man jedoch bemerken, dass man deutlich zwischen Schmerz und dem Leid, das man in sich entstehen lässt, unterscheiden kann. Erfahrungsgemäß leiden wir nämlich sehr häufig in großem Maße unter dem entstandenen Leid, nicht unter dem Schmerz. Wenn ich tief versunken den Schmerz im Zeugenbewusstsein betrachte, werde ich erstaunt feststellen, dass das Leid ausbleibt. Denn Leid entsteht durch unsere Meinung über den Schmerz und unsere Situation. Wenn jemand denkt: »Oh mein Gott, ich armer Kerl. Es geht mir so hundeelend. Warum muss ich mir nur jede Grippe einfangen, die gerade die Runde macht? Und diese Gliederschmerzen, als ob ich auf einer Streckbank läge. Und die Party am Samstag kann ich mir auch abschminken, wo ich mich doch so darauf gefreut hatte«, dann leidet er unter seinen selbstmitleidigen Gedanken und der Angst, etwas zu verpassen. Das Leben ist aber das, was gerade im Moment passiert. Genau dies ist es, was der so Denkende wirklich verpasst! Statt zu erleben, suhlt er sich in Selbstmitleid und seiner persönlichen Meinung über den erlebten Zustand. Der Schmerz ist in diesem Fall jedoch nur der Auslöser für das Leid, das der Denkende sich selbst durch sein Denken zufügt.

In einer solchen Situation liegt allerdings auch eine versteckte Chance. Folgende Geschichte aus Indien kann dies verdeutlichen. Sie erzählt von drei Mönchen eines Ashrams, die zu Fuß unterwegs waren, als einer von ihnen von einem Tiger angefallen wird. Die anderen beiden sehen entsetzt, wie ihr Freund von dem Raubtier übel zugerichtet wird. Sie wissen, dass er nur noch wenige Augenblicke zu leben hat. Da sie ohne Waffen auch zu dritt dem Tiger nicht gewachsen wären, bleibt den beiden Mönchen nur, ihrem Freund dadurch zu helfen, dass sie ihm zurufen: »Bleibe aufmerksam!« Was er auch tat. Dadurch, dass der Mönch im Zeugenbewusstsein blieb, erlangte er im letzten Moment seines Lebens Erleuchtung – der Angriff des Tigers war sein Tor dazu. Denn das Schicksal des Mönches war besiegelt, als der Tiger ihn überwältigt hatte. Er hätte nun das Leben für seine Ungerechtigkeit anklagen und den Tiger (und den Himmel) verfluchen können. Stattdessen blieb der Mönch im Zeugenbewusstsein, so dass kein Leid entstand – obwohl der Schmerz bestimmt unbeschreiblich war. Anstatt seine Kraft in einem sinnlosen Überlebenskampf

zu vergeuden, der ihm nur den zweifelhaften Nutzen einer Ver-
längerung der Qualen eingebracht hätte, ließ er einfach geschehen, was geschah. So löste sich der indische Mönch in diesem
Moment völlig von den letzten Identifikationen und ging auf diese Art vor den gierigen Augen des Tigers ins Nirwana ein. Er er-
lebte sich nicht mehr als der vom Tiger Angefallene, sondern als
all das, was geschah. Es gab keine Trennung mehr zwischen ihm,
dem Tiger und dem Rest der Welt. Der Mönch erblickte das Allumfassende, Allesdurchdringende, das auch in diesem Moment
allgegenwärtig war und das unverändert bleibt, egal wie sich die
Erscheinungen verändern mögen.

Das Beispiel zeigt darüber hinaus, dass der Zeuge, den man in
der Meditation mit viel Mühe von allem Erlebten getrennt hat,
letztlich in einem Zustand des Einsseins mit dem Bezeugten ver-
schmilzt. Dieses Einsichtserlebnis kann einem geschenkt werden,
wenn man in seiner Übung, Identifikationen aufzulösen, weit genug gekommen ist, das Zeugenbewusstsein ausreichend entwickelt hat und das Wahrnehmen das Denken abgelöst hat. Denn es
stimmt nicht, dass ich nichts von all dem bin, was ich bemerke,
ich bin vielmehr all das. Alles ist eins oder auch: Tat twam asi
(Das bist Du!), wie es in der altindischen Gelehrtensprache Sanskrit ausgedrückt wird. Der Ausspruch stammt aus der indischen
Vedanta-Philosophie, die ebenfalls besagt, dass ein grundlegendes Nichtwissen über die wahre Natur des Seins und des Selbst
unter anderem auf falsche Identifikationen zurückzuführen ist.
»Tat twam asi« beschreibt darin die Identität von Ich und Außenwelt.

Das Einssein erkennen

Der Übergang von der völligen Loslösung von jeglicher Identifikation zur völligen Identifikation mit allem und zum Erkennen
des Einsseins aller Dinge wird oft Erleuchtung genannt. Er ist zugleich der Eingang in die Nicht-Dualität. Die »Scheibe im Auge

des Betrachters«, wie Ken Wilber sie in seinem Buch »Eine kurze Geschichte des Kosmos« nennt, die das Subjekt, das »hier drinnen«, vom Objekt, dem »da draußen«, trennt, zerbricht. Man erfährt stattdessen, dass die Trennung zwischen der eigenen Person und der Welt da draußen nur in unserem Bewusstsein und den Vorstellungswelten des Ego vorhanden ist, nicht aber in der Realität, die man mit dem Zeugenbewusstsein zu betreten beginnt. Der Zeuge, der in der Abwesenheit aller geistigen Inhalte, wie Gedanken und Gefühlen, zurückblieb, löst sich zuletzt also auf. Es gibt nicht mehr Zeugen und Bezeugtes. Alles ist eins geworden.

Zusammengefasst bedeutet dies:

1. Im Alltagsbewusstsein entsteht oftmals ein Zustand falscher Identifikationen auf Grund mangelnder Unterscheidung oder ungenauer Wahrnehmung der Grenzen zwischen dem Ich (Zeuge), dem Selbst (Körper) und den Gedanken und Gefühlen (mentale Objekte).
2. Im Zeugenbewusstsein habe ich den unsichtbaren Betrachter (Ich) klar vom Betrachteten getrennt. Dadurch, dass sich der Zeuge aber ständig der Objektwerdung entzieht und unsichtbares Subjekt bleibt, bemerke ich auch, dass ich für mich selbst unsichtbar bin. Dieser Zustand ist letztendlich offen, und alles drängt auf die endgültige Erfahrung hin, die uns vermittelt: Alles ist eins. Im Zen würde man sagen: Es gibt kein Ich oder da ist kein (individueller) Geist. Dementsprechend könnte ich formulieren: Es gibt mich überhaupt nicht. Aber wer äußert dann diesen Satz? Zu sagen, es gibt mich überhaupt nicht, bedeutet, dass das, was ich wirklich bin, nicht das ist, was ich zu sein glaubte. Mein innerstes Wesen entzieht sich meiner Wahrnehmung, da es völlig in der Einheit des Seins verankert ist. Es betritt nie die Welt von Subjekt und Objekt und kann in dieser für den dualistischen Verstand nicht sichtbar werden. Deshalb kann ich mich selbst nicht sehen. Das Bewusstsein kann das innerste Wesen im Denken

nicht erfassen. Es kann aber erfassen, dass es nicht fassbar ist, und dies ist ein sehr wichtiger Schritt. Das Nicht-Denkbare offenbart sich hier auf gewisse Weise dem Denken.

3. Die praktische Erfahrung ist letztendlich diese, dass es im Bewusstseinszustand der Nicht-Dualität ein Erfassen, Erkennen und Erleben ohne einen Erfassenden gibt. Das Erfahrene und der Erfahrende sind eins. Es ist, als ob man in diese Welt und gleichzeitig in die Welt jenseits aller Trennungen blickte. Dieser Erfahrende kann natürlich nicht mehr eine Person im herkömmlichen Sinne sein. Dieser Moment ist vergleichbar dem Moment, in dem die Welle, die glaubte getrennt von den anderen Wellen zu sein, bemerkt, dass sie eigentlich der Ozean ist. Sie ist eben nicht getrennt, sondern eins mit allem. Wo hört die Welle auf, wo beginnt der Ozean? Sind nicht vielmehr Welle und Ozean ein und dasselbe? Unsere Identität ist demzufolge eine Sache der gedanklichen Konzepte und Definitionen, die durch unser Bewusstsein bestimmt werden. Sie ist wie eines der in Wahrnehmungstests verwendeten Umkehrbilder, bei denen man zum Beispiel zunächst eine helle Vase vor einem schwarzen Hintergrund sieht, bis man bemerkt (sich dessen bewusst wird), dass man auch zwei schwarze Gesichter vor hellem Hintergrund, die einander anblicken, darin

sehen könnte. Für die Entwicklung des Bewusstseins durch
Meditation bedeutet dies, dass ich entweder dem Aspekt der
Getrenntheit der Dinge ausgeliefert bin oder dass ich erkenne,
dass alles eins ist. Selbst die gefühlte Trennung von Subjekt
und Objekt ist Teil der Einheit. Die übergeordnete Ebene ist
immer vorhanden und unser innerstes Wesen entzieht sich
darin immer unseren dualistischen Definitionsversuchen.

Identifikation und Selbstbild

Wo hört unsere Person auf und wo beginnt der Kosmos um uns
herum? Oder anders gefragt: Warum sehen wir den Wald (Einheit) vor lauter Bäumen (die vielen Dinge in der Schöpfung)
nicht? Unsere Realität und das Ausmaß dessen, was wir erleben,
werden durch unser Bewusstsein bestimmt. Diese Tatsache wirft
uns auf unseren Körper zurück, durch den wir die in unserem
Bewusstsein verankerte Trennung von »Ich« und Welt ständig erleben. Bezogen auf körperliche Begebenheiten könnte man sagen,
dass alles jenseits meines Körpers nicht zu mir gehört und deshalb nicht mehr »ich« ist. Hingegen definiere ich alles, was zu
meinem Körper gehört, als mir zugehörig und spreche dann von
»mir«. Folgende Gedankenspiele zeigen, wie es sich mit der Identifikation mit unserem körperlichen Selbst im Alltagsbewusstsein
verhält und inwiefern diese Identifikation unser Selbstbild bestimmt. Was ist, wenn ich mir beispielsweise ein Haar ausreiße?
Ist dieses Haar dann noch ich? Gerade eben hätte ich noch gesagt: Ja, das bin ich. Zumindest sind das meine Haare, also mein
Körper. Nun halte ich dieses Haar in Händen, und nach einer
Weile interessiert es mich vielleicht nicht mehr, und ich werfe das
Haar weg. Die Identifikation damit hat aufgehört. Ich beschließe, dass das Haar nicht mehr »ich« ist. Ich brauche es nicht mehr,
es interessiert mich nicht mehr, und dann betrachte ich es als mir
nicht mehr zugehörig. Wenn man (unvorsichtigerweise) Selbst
und Ich in einen Topf wirft, könnte man argumentieren, dass es

sich im Grund doch ganz einfach verhalte. Ich bin dieser Körper, und wenn das Haar herausgerissen ist, gehört es nicht mehr zu mir. Geht es bei der Frage nach der Identität jedoch um die Quantität oder um den Sitz des inneren Menschen und seines Ich-Gefühls? Ist das einzelne Haar deshalb nicht mehr »ich«, weil es ein kleiner Teil meiner selbst ist und ich mich eben mit dem großen Teil identifiziere (Quantität)? Oder geht es um den Sitz des Bewusstseins im Körper, der meine Identifikation auslöst? Ich nehme an, dass die meisten Menschen der Meinung sind, dass es bei der Frage nach der Identität selbstverständlich nicht um die Quantität, sondern um den Sitz des Bewusstseins im Körper gehe. Entscheidend sei doch, dass nicht das Haar plötzlich die Person betrachte, sondern die Person immer noch das Haar. Ich sehe als Mensch das einzelne Haar und fühle mich plötzlich davon getrennt. Genauso getrennt wie vom »anderen Rest der Welt«. Das ausgerissene Haar wird zum Objekt. Meinen Körper definiere ich jedoch zunächst als Subjekt, obwohl mir irgendwann in der Meditation klargeworden ist, dass das letztendliche Subjekt eigentlich der wahrnehmende, unsichtbare Zeuge ist, nicht das Wahrgenommene wie der Körper oder mentale Objekte wie Gedanken oder Gefühle. Im Alltagsbewusstsein verhält man sich allerdings ganz anders und definiert sich selbstverständlich über seinen Körper. Das ist zwar praktisch, weil es klare Verhältnisse schafft. Zugleich führt es aber bei der Bemühung um Selbsterkenntnis auf einige Abwege, die sich bei der Frage »Wer bin ich?« als hartnäckige Täuschung entpuppen.

Am Beispiel des Haares lässt sich noch etwas anderes zeigen. Angenommen, hinter mir steht Person X und reißt mir ein Haar aus, so wäre ich verärgert, weil mir etwas geschieht, das ich nicht möchte. Der Grund: Im Moment des Ausreißens identifiziere ich mich noch mit dem Haar als Teil meines Körpers, zudem bin ich der Meinung, dass niemand meinen Körper unerlaubt so behandeln darf. Das bedeutet, dass die Identifikation mit dem Haar als Teil meines Körpers meine verärgerte Reaktion auslöst – und nicht der Schmerz oder der Schreck, den ich beim Ausreißen empfinde. Dieser trägt zwar zur Empörung bei. Aber ich würde ähnlich reagieren, wenn ich das Ausreißen im Moment nicht bemerkt hätte, es aber später auf einer Filmaufnahme ansehen könnte. Mein Ego würde auf Grund der Identifikation auch im Nachhinein noch formulieren: »Das darf niemand ohne meine Erlaubnis mit mir machen. Wenn ich Person X beim nächsten Mal sehe, werde ich sie zur Rede stellen.« Wenn ich hingegen eine Filmaufnahme sähe, auf der Person X ein von mir selbst ausgerissene Haar, das ich bereits weggeworfen hatte, nimmt und es zerreißt, würde mich dies nicht kümmern. Ich hätte nicht das Gefühl, dass es mir geschieht, weil meine Identifikation mit dem Haar bereits aufgehört hatte, bevor Person X etwas damit anfing.

Man kann diese Gedanken noch in eine andere Richtung weiterspinnen. Wenn ich durch einen Unfall einen Großteil meines Körpers verlöre und zum Beispiel nur noch als ein von medizinischen Maschinen am Leben erhaltener Kopf zurückbliebe, könnte ich unter Umständen auf den Rest meines wie ein beliebiges Objekt vor mir liegenden Körpers blicken und dabei denken, dass ich immer noch hier und nicht in dem Körper sei. Was aber würde zurückbleiben, wenn ich außerdem noch meine Sinnesorgane verlöre? Es wäre dunkel und still. Aber da wäre immer noch das Gefühl und der Gedanke: »Hier bin ich. Ich kann zwar nichts mehr machen, weder einen Körper nutzen noch sehen, hören oder schmecken, aber ich bin immer noch hier.« Alle Identifikationen mit diesen mir zugehörigen Dingen (Körper, Sinne) hätten aufgehört, da sie nicht mehr zur Verfügung stünden. Ich würde den Körper zwar bestimmt vermissen. Aber vermutlich eher in der Art und Weise, wie ich ein Instrument vermisse, das mir bestimmte Erfahrungen ermöglichte. Ich würde nicht mich selbst vermissen, denn ich wäre ja noch hier, aber ich könnte nicht mehr dieselben Erfahrungen in der materiellen Welt machen wie bisher. Das bedeutet zusammengefasst, dass ich nicht dieser Körper bin. Offen bleibt die Frage, wer ich bin bzw. wer der innere Mensch ist, der zurückbleibt.

Was für die vergängliche Identifikation mit unserem Körper gilt, kann man auch bei Geistesinhalten beobachten. Ich vertrete eine bestimmte Meinung und identifiziere mich mit ihr. Die gegenteilige Meinung empfinde ich als mir entgegengesetzt, als mir fremd. Wenn ich mich im Laufe meines Lebens weiterentwickle, ändert sich mit Sicherheit meine Meinung zu dem einen oder andern Thema. Vielleicht nehme ich irgendwann sogar den vormals entgegengesetzten Standpunkt ein. Meine Identifikation hat sich gewandelt und damit mein Empfinden davon, was ich bin und was nicht. Ein Alltagsbeispiel: Als Fünfjähriger habe ich mit Spielsachen gespielt. Heute verhalte ich mich ganz anders, die Spielsachen von damals interessieren mich nicht mehr. Dennoch habe ich immer noch das Gefühl, dass ich es bin, der sich verändert hat. Die Konstante »Ich« bleibt, unabhängig davon, wie sehr ich mich im Lauf der Jahre verändert habe. Selbst wenn ich in allen Bereichen meines Denkens entgegengesetzte Standpunkte einnähme, hätte ich immer noch das Gefühl, dass ich es bin, der diese neuen Standpunkte eingenommen hat. Das bedeutet, dass unser Ich-Gefühl völlig unberührt von derlei äußerlichen Komponenten ist, die sich wandeln können.

Letztendlich sind aber alle »Instrumente«, die wir nutzen, um auf dieser Welt zurechtzukommen, aus der Perspektive des Zeugenbewusstseins nicht wir, sondern Dinge, die wir wahrnehmen. Das gilt für den Körper ebenso wie für Gefühle und Gedanken. Dies bemerkt man das erste Mal wirklich, wenn man in der fortgeschrittenen Meditation ohne einen Gedanken oder ein Gefühl immer noch das »Gefühl« hat, da zu sein.

Die Bildung eines »Ich-Bewusstseins« wird demnach von zwei Komponenten gestützt: Wahrnehmung und Identifikation. Damit ist ein wichtiger Dreh- und Angelpunkt auf dem Weg der Bewusstseinserweiterung vom Alltags- zum transpersonalen Bewusstsein erreicht. Obwohl ich mit dem Zeugenbewusstsein erst einmal den »Umweg« einer Loslösung der Identifikation von allem, was ich beobachten kann, gehen muss, löst sich der anfangs unüberwindbar scheinende Widerspruch zwischen »Ich bin nichts von all dem, was ich beobachte« und »Ich bin all das, was ich beobachte« letztendlich auf. Genau besehen ist dieser Weg kein Umweg. Vielmehr ist er der erste Schritt zur Aufhebung der Trennung von Subjekt und Objekt. Man könnte allerdings nie den »direkten« Weg gehen und sich einfach suggerieren, dass man all dies ist und es letzten Endes kein Subjekt und kein Objekt gibt. Denn diese Erkenntnis wird anfangs durch einen großen Schutzwall von Identifikationen und äußerst starken Emotionen verhindert. Mit Hilfe dieses Schutzwalls halten wir unser Selbstbild aufrecht und leben in dem Glauben, wir seien getrennt vom Rest der Welt. Wenn man diesen Schutzwall in der Meditation abträgt – was gewöhnlich sehr lange dauert –, erreicht man in seinem Bewusstsein den Punkt, an dem die Trennung zwischen dem »Ich und der Welt« entsteht.

Aufbauende Meditationstechniken

Nicht-Dualität

Wenn unsere Bemühungen über eine reine und tiefe Konzentra-
tionsübung hinausgehen (Nicht-Denken oder Konzentration auf
einen Inhalt), die emotionalen Schranken unseres Ego einreißen
(Zeugenbewusstsein oder Nicht-Identifikation) und zu guter Letzt
in die Erfahrung der Einheit münden sollen, dann muss zu dem
bisher Aufgeführten noch eine bestimmte Geisteshaltung hinzukommen. Erst diese Geisteshaltung ermöglicht vielleicht die Gnade und das Geschenk, die einem letztendlich zuteil werden können. In der Literatur des Zen wird diese Geisteshaltung als der
»suchende Geist« oder der »forschende Geist« bezeichnet.

Der suchende Geist

Wer die ganze Kraft und Tragweite dessen in sich erfährt, was
»suchender Geist« bedeutet und wie er zu verwirklichen ist, der
hat das effektivste Werkzeug zum Aufbrechen des Dualismus gefunden, an dem unser Bewusstsein haftet. Folgendes Beispiel ver-
deutlicht, was unter dem suchenden Geist zu verstehen ist. Wenn
ich als Bergsteiger einen Gipfel erklimme, muss ich voll und ganz
bei der Sache sein. Jeder Schritt, jede Bewegung ist wichtig. Ein
einziger Fehltritt oder eine einzige Unachtsamkeit könnte zu
einem folgenschweren Sturz führen. Absolute Aufmerksamkeit
und Präsenz im »Hier und Jetzt« sind in dieser Situation unabdingbar. Um den Gipfel zu erreichen, muss ich als Bergsteiger
aber gleichzeitig noch etwas anderes in mir tragen: eine Vision
des Gipfels. Ohne diese Vision hat mein Weg kein Ziel, und

ich kann keiner idealen Kletterroute folgen. Der suchende Geist während der Meditation wäre auf den Bergsteiger übertragen dessen Wissen um den Gipfel und sein Wille, ihn zu erreichen. Der Bergsteiger kann den Gipfel zwar noch nicht sehen. Er weiß auch nicht, welcher Ausblick sich ihm oben offenbaren wird, dennoch steuert er diesen ihm unbekannten Gipfel an.

Wie kann man jedoch diesen suchenden Geist auf einen so schwer fassbaren Begriff wie »Nicht-Dualität« – die Aufhebung der Trennung zwischen der eigenen Person und der Welt da draußen und der Erfahrung der Einheit – richten? Während des Bergsteigens konzentriert zu sein und gleichzeitig zu wissen, dass man auf dem Weg zum Gipfel des Berges ist, ist das eine. Im Zeugenbewusstsein zu sein und den suchenden Geist ohne einen Gedanken auf die Nicht-Dualität zu richten ist jedoch etwas ungleich Abstrakteres. Der Übergang in die Nicht-Dualität kann nicht gewollt oder gemacht werden. Er muss empfangen werden. Der suchende Geist hält das Bewusstsein offen für diesen Prozess oder Moment. Der suchende Geist ist keine konkrete Erwartung. Er ist auch kein Gedanke. Er ist vielmehr das Wissen darum, dass da noch etwas kommt, dass das Ziel noch nicht erreicht ist, dass die Reise weitergeht. Dieses Offensein für das, wofür es keine Worte gibt, ist der suchende Geist. Erst er ist in der Lage, unsere Bemühungen um eine tief greifende Wesensschau zu befruchten und uns eines Tages über die Schwelle zu heben. Der Zen-Meister Shi-shin Goshin (1044–1115) rät seinen Schülern: »Zieht euch in euer inneres Sein zurück und schaut in sein Wesen. Wenn diese Versunkenheit in das innere Sein tiefer und tiefer wird, kommt gewiss einmal der Augenblick, da die Geist-Blüte sich plötzlich öffnet und das ganze Universum erleuchtet. Diese Erfahrung werdet ihr niemandem mitteilen können, obgleich ihr selbst ganz genau wissen werdet, was es mit ihr auf sich hat.« (zitiert nach D. T. Suzuki, Koan) Dass christliche Mystiker um die Unbeschreiblichkeit des Weges und seines Zieles ebenfalls wussten, zeigt sich in einer kurzen, aber wie ich finde sehr inspirierten und tiefen Darlegung des göttlichen Wesens von Nicolaus von Cues. Er schreibt in seiner Abhandlung »Vom Gottsuchen«, dass die Art und Weise, in der die Menschen über Gott nachdenken, vergleichbar ist mit dem, was Farben (wenn sie denn miteinander sprechen könnten) über das Sehen sagen würden. Die Farben selbst können nicht sehen. Sie sind schließlich Farben und haben keine Sinnesorgane. Dennoch wissen sie, dass jemand sie gesehen und ihnen einen Namen gegeben hat. Dieses Sehen ist nirgendwo in der Farbenwelt anzutreffen und dem Wesen der Farben völlig fremd. Um alle Farben unverfälscht wahrnehmen zu können, muss es ja selbst völlig ohne Farbe sein. Das heißt, dass die gesamte sichtbare Welt der Farben sich keinen Begriff vom Sehen machen kann, weil die Sehkraft völlig außerhalb der Welt des Sehbaren liegt und in ihrem Wesen nichts Farbiges hat. Die Welt des Farbigen würde nicht einmal verstehen, dass das Sehen überhaupt etwas sei, da sie zu allem, das jenseits der Farbigkeit liegt, keinen Zugang hat. Wenn man den Farben nun vom Sehen erzählte und ihnen sagte, dass sie diesem Sehen ihre Namen verdanken und durch das Sehen überhaupt erst als Farbe erkannt wurden, so würden sie dieses Sehen, das völlig außerhalb ihrer sichtbaren Welt liegt, vermutlich für das Beste halten, das man sich denken kann. Dennoch würde kein Begriff, den die Farben aus ihrer Welt wählten – weder der Name einer einzelnen Farbe noch ein Mischname aus verschiedenen Farben –, das Wesen des Sehens für sie erfahrbar machen, so dass dieser Name mit Leben gefüllt werden könnte.

Dem, was ich bisher Nicht-Dualität genannt habe, wurden in den verschiedenen Weisheitstraditionen der Menschheit schon viele Namen gegeben. Ein Zen-Meister würde es vielleicht das Ur-Antlitz nennen oder von dem Buddha-Wesen sprechen, das in allem ist. Ein christlicher Mystiker wie Meister Eckhart oder Nicolaus von Cues würde hingegen mit Sicherheit von einem Erblicken Gottes sprechen. Ich selbst stellte mir anfangs die Frage, wie ich Gott erwarten kann, wenn ich nicht den geringsten Schimmer davon habe, wie sein Erscheinen (in meinem Bewusstsein) aussieht. Konzentration allein ist in der Meditation nicht ausreichend. Was macht diese Erweiterung des Bewusstseins aus, die auch bei der Betrachtung des Umkehrbildes zu beobachten ist? Woher kommt die Inspiration im Moment der Erkenntnis, die letztendlich nötig ist, damit sich unsere Sichtweise verändert und unser Bewusstsein erweitert? Wie erkenne ich, dass alles eins ist, obwohl ich es anschaue und es sich mir in unzähligen Erscheinungen zeigt, und was führt mich zu dieser Erkenntnis? Es ist stets der suchende Geist. Er ist ohne Worte, ohne Gedanken. Er erwartet, ohne etwas zu erwarten; er sucht, ohne etwas zu suchen. Obwohl nichts in unserem Bewusstsein das Ziel definieren kann, das jenseits des Denkbaren liegt, ist doch er es, der uns dorthin bringt. Derjenige, der in der Meditation nicht richtig vorankommt und befürchtet, dass in der Stille des beruhigten Geistes eben nur Stille auf ihn wartet, aber niemals mehr, sollte versuchen, den suchenden Geist zu entwickeln. Wenn dies gelingt, ist er wie eine Hintergrundschwingung im Bewusstsein vorhanden und zieht wie ein Magnet langsam, aber sicher die alles entscheidende Erfahrung an.

Mit dem Wunsch, ganz im Hier und Jetzt zu sein, verhält es sich übrigens ähnlich. Unsere Gedanken können das Hier und Jetzt nicht erfassen, da ein (Nach-)Denken darüber immer ein Rückblick sein muss, der mich über die (vergangene) Erfahrung des Moments nachdenken lässt. Auch wenn im absoluten Erfahren das Denken nie anwesend ist (da sich Denken und Wahrnehmung ausschließen), kann man in Gedanken den Wunsch hegen, im Hier und Jetzt zu sein. Dies bedeutet aber, dass das Denken sich etwas wünscht, das seinem eigenen Wesen unerfahrbar ist. Dies kommt auf einer einfachen Ebene dem suchenden Geist schon sehr nahe. Denn dieser strebt ebenfalls etwas an, das sich im Augenblick noch völlig seinem Horizont entzieht.

Die Koan-Schulung im Zen

Das Wesen des suchenden Geistes lässt sich noch besser an der Koan-Schulung des Zen erläutern. Wenn ein Zen-Meister einem Schüler ein Koan aufgibt, über das er meditieren soll, konfrontiert er ihn darin mit einer Frage bzw. Aussage, die für den Verstand keinen Sinn ergibt. Ein Koan kann zum Beispiel lauten: »Was ist dein Ur-Antlitz? Wie hast du ausgesehen, bevor deine Eltern geboren wurden?« Ein anderes Koan lautet beispielsweise: »Die zehntausend Dinge gehen auf Eins zurück. Worauf geht dieses Eine zurück?« Der Schüler soll über die Frage meditieren und dem Meister eine Antwort liefern. Aber in seinem dualistischen Bewusstsein steht der Schüler ihr machtlos gegenüber. Um eine Antwort auf das Koan zu finden, könnte der Schüler anfangen zu philosophieren: »Das Eine, also Ursprung von allem, Gott, erste Ursache usw.« Wenn er dann zu seinem Meister geht und anfängt, ausführliche Thesen darzulegen, wird dieser nur lächeln und ihn wieder wegschicken. Er wird sich vermutlich fragen, was er falsch gemacht hat? Aber was kann man auf ein solches Koan schon Sinnvolles antworten, wenn man sich nicht einmal metaphysischer Begriffswelten und philosophischen Tiefgangs bedienen darf?

Der Sinn eines Koans ist es, den dualistischen Verstand an die Grenze zu bringen, an der man erkennt, dass der Verstand einem nicht weiterhilft. Diese Grenze ist bei solch einer paradoxen Frage schnell erreicht. Je glatter das Koan ist und je weniger es dem Verstand Anhaltspunkte liefert, die zu einer scheinbaren Lösung durch den Intellekt führen könnten, desto wirksamer ist es. Die Erleuchtungs-Erfahrung, zu der das Koan drängt, ist nicht durch den Verstand nachvollziehbar und auch niemandem in Worten mitteilbar. Es gibt zwei Tendenzen, die einen Meditierenden von einer wirklichen Erleuchtungs-Erfahrung abhalten. Die eine ist der so genannte Quietismus. Er beschreibt den Zustand, wenn der Meditierende in der Gedankenstille verharrt und dort erstarrt, ohne seine Konzentration nutzen zu können. Die andere ist der Intellektualismus, was bedeutet, dass der Meditierende wie der oben beschriebene Zen-Schüler versucht, auf der Ebene des Verstandes an das Koan heranzugehen. Die Koan-Schulung ist ein Mittel, diese beiden Sackgassen auf der Suche nach Erkenntnis zu umgehen und die zutiefst intuitive Kraft des suchenden Geistes in einem Schüler zu wecken und zu stärken – denn angelegt ist sie dort schon immer. Der Schüler soll mittels des Koan lernen, in sich eine Kraft zu entwickeln, die über alles hinausreicht, was der Verstand noch fassen könnte. Eine Kraft, die alle Begrenzungen eines dualistischen Verstandes und seine Identifikationen, Definitionen und Beschränkungen überwindet. Es ist eine Kraft des Bewusstseins, die ihn an einem Punkt der Einsicht ankommen lässt, die der Verstand nicht einmal in seinen kühnsten Träumen erahnen kann. Es geht hierbei um eine Umkehr des Geistes im tiefsten Grund unseres Bewusstseins, die uns die Welt mit völlig neuen Augen sehen lässt, wenn wir zu einer Erleuchtungs-Erfahrung (auch Satori-Erfahrung genannt) durchbrechen. Wenn der Schüler das Talent und den Willen hat, seine Meditation auf den suchenden Geist auszurichten, und er das erste Mal einen »Geschmack« dessen kostet, was suchender Geist bedeutet, dann verändert sich die Qualität seiner Meditation schlagartig.

Wenn ich über ein Koan, etwa »Was ist das Ur-Antlitz?«, meditiere, stelle ich es in Gedanken vor mich. Anschließend denke ich nicht mehr darüber nach. Ich mache mir kein Bild davon. Ich versuche keine philosophische Spekulation darüber. Mein Verstand findet keinen Ansatzpunkt, und das Koan steht vor mir wie eine glatte eiserne Wand, an der ich keinen noch so kleinen Spalt finden kann, an dem sich mein Verstand festklammern könnte. Was bleibt noch, was kann ich tun? Ich stelle das Koan erneut vor mich: »Was ist das Ur-Antlitz?« Ich lasse es in die Stille verklingen und halte mein Bewusstsein darauf gerichtet, jedoch ohne einen Gedanken oder ein Bild. Was zurückbleibt, ist wie ein inneres Horchen auf das Koan und auch eine Art »Gefühl« dazu. Dies hat allerdings nichts mehr mit dem zu tun, was Gefühl nor-

malerweise bedeutet. Man könnte dieses Gefühl auch eine Art
Geschmack nennen, der zurückbleibt, nachdem ich mir die Frage
nach dem Ur-Antlitz gestellt habe. Auf diesen Geschmack achte
ich und lasse mich mit ihm tiefer in die Stille meines Geistes
sinken. Ich halte meine Aufmerksamkeit auf dieses Ur-Antlitz gerichtet, wie eine Katze, die ein Mauseloch beobachtet. Denn der
Katze geht es dabei nicht um das Mauseloch, sondern um die
Maus, auf die sie wartet. Ähnlich verhält es sich beim Koan.
Letztendlich geht es bei der Koan-Schulung ebenfalls nicht um
das Koan, sondern um die Erfahrung, die ein Koan uns – richtig
angewendet – ermöglicht. Wenn mein Wille stark genug und
mein Bewusstsein klar genug ist, bemerke ich, dass es neben den
Kräften des Denkens oder der Vorstellung eine Kraft in meinem
Bewusstsein gibt, mit der ich mich dem Koan nähern kann und
die jenseits aller »normalen« oder alltäglichen Kräfte des Bewusstseins liegt. Diese Kraft ist der suchende Geist, der unser Bewusstsein öffnen kann. Worte versagen hier. Deshalb ergibt das
Koan auch keinen Sinn und die »richtige« Antwort, die der Zen-
Schüler eines Tages gibt, ebenso wenig. Der Meister erkennt
jedoch im Schüler die Quelle seiner Antwort und bestätigt sie,
wenn sie nicht mehr aus dem Bereich des dualistischen Verstandes kommt. Alles, was der Welt der Erscheinungen entstammt,
muss vergehen. Alle kurzatmigen Bemühungen, unser Sein mit
dem unzulänglichen Mittel des Verstandes und des Denkens zu
ergründen, sind zum Scheitern verurteilt, weil sie uns nicht aus
der Welt des Relativen, Bedingten und Vergänglichen herausfüh-
ren. Der Meister weiß dies und wartet auf den Schüler auf der anderen Seite der Realität, jenseits der dualistischen Gegensätze.

Wenn man sich mit einem Koan beschäftigt und den suchenden Geist entwickelt, ändert dies die Meditationspraxis in einem
ganz wesentlichen Punkt. Entscheidend bei der Meditation über
ein Koan ist nicht die Konzentration, auch wenn sie unver-
zichtbar ist. Das Wesentliche ist der Wille, in die »Bedeutung«
des Koans einzudringen. Wenn der Wille und der suchende Geist
stark genug sind, bleibt das Koan jenseits aller Gedanken und

Bilder vollkommen in unserem Bewusstsein präsent. Die Gedanken können nicht dazu beitragen, das Koan zu lösen, und werden überhaupt nicht mehr zur Kenntnis genommen. Sie verblassen, gleichzeitig hört die Identifikation mit ihnen auf. Sie sind tatsächlich nur noch Gehirnaktivität und wirken wie ein Überbleibsel aus der Welt des Alltagsbewusstseins. Das Bewusstsein ist jedoch auf etwas ganz anderes ausgerichtet, nämlich auf das Koan mit Hilfe des suchenden Geistes. Die Gedankenstille, die während der Meditation über ein Koan eintritt, ist mehr oder weniger ein Nebenprodukt. Wenn dennoch Gedanken auftreten, ziehen sie wie blasse, dünne Wolken am Horizont des Bewusstseins vorbei, ohne dass man ihnen Beachtung schenkt. Ich will den Sinn des Koans erfahren, der weder sichtbar, hörbar, fühlbar noch denkbar ist. Alles, was ich sehen, hören, fühlen und denken kann, akzeptiere ich nicht. Der suchende Geist in mir, meine Aufmerksamkeit ist auf etwas ausgerichtet, dass jenseits all dessen liegt. Hierin liegt die besondere Kraft dieses Bewusstseinszustandes. Dort, wo zuvor oftmals ein Vakuum der Gedankenstille war, in das die Gedanken zurückschwappen konnten, sobald sich ein kleiner Spalt des Unkonzentriert-Seins auftat, ist nun die Kraft des suchenden Geistes, der als neue Qualität den Platz im Fokus unseres Bewusstseins eingenommen hat.

Der suchende Geist ist eine formlose Kraft in unserem Bewusstsein. Sie führt uns wortlos und eröffnet uns durch die Beschäftigung mit dem Koan für die Erfahrung, dass nicht nur in einem Koan, sondern auch in uns und in allem etwas Unbegreifliches und für den Verstand Unfassbares ist, das wir unmittelbar erfahren können. Ein Christ würde dieses Unbegreifliche vielleicht Gott nennen. Ein Koan, das lautet: »Die zehntausend Dinge gehen auf Eins zurück. Worauf geht dieses Eine zurück?«, stellt den Meditierenden vor eine Problematik, die einem Christen wiederum in der Kontemplation begegnet. Ein Christ möchte Gott erleben. Aber er muss erkennen, dass sein Verstand ihn nicht dorthin tragen kann, wo er Gott begegnen könnte. Die Demut eines Christen etwa vor der unfassbaren Größe und der

Herrlichkeit des Schöpfers, kann zu einer Kraft werden – ähnlich
der des suchenden Geistes – die ihn für einen Bewusstseinszustand öffnet, der das Personale übersteigt. Vorausgesetzt, dieser
Christ ist ein Mensch, der die anfänglichen und naiven Züge
einer reinen Glaubens-Religion überwunden hat und sich nicht
mehr mit blassen Abbildern und Abziehbildchen eines für den
Verstand erklärbaren Gottes zufrieden gibt, den die Kirche meines Erachtens anbietet. In Anbetracht dieser erfahrenen Kleinheit
unseres Bewusstseinshorizontes und der Unfähigkeit, Gott zu erleben, erscheint die Demut. Demut davor, wie unfassbar Gott ist,
dass er (oder sie oder es) uns geschaffen hat und ständig in uns
und allem um uns herum wirkt. Demut davor, dass wir dadurch
ebenfalls göttlich sind, ebenso wie Demut im Lichte der Erkenntnis, dass die egozentrische Bewusstseinsausrichtung unseres Alltagsbewusstseins nur so wenig davon fassen kann. Der Begriff
Demut, dem man oft in Zusammenhang mit religiösen oder spirituellen Themen begegnet, bedeutet in meinen Augen nicht, dass
wir allesamt kleine, erbärmliche Sünder sind. Er bedeutet vielmehr, dass wir im Innersten göttlich sind, uns dessen aber nicht
bewusst sind. Im Buddhismus würde man sagen, dass alle Wesen
die Buddha-Natur besitzen, auch wenn sie sich dessen nicht bewusst sind.

Wenn ein Mensch erleuchtet wurde, hatte er, unabhängig davon, wann und in welcher Kultur und Weisheitstradition er lebte,
eine in ihrem Wirken unbeschreibbare Kraft in sich entwickelt,
die ihn zu dieser absoluten Erfahrung brachte. Wer selbst diese
Kraft in sich entwickeln möchte, muss den unerschütterlichen
Willen entwickeln, dieses Ziel zu erreichen und die Grenzen, die
ihm als Individuum auferlegt sind, zu überwinden. Er muss einen
Geist entwickeln, der fähig ist, diesem abstrakten Pfad kontinu-
ierlich zu folgen. Er muss seine Aufmerksamkeit auf etwas richten können, das er weder sehen noch hören, noch schmecken
kann und das mit dem Verstand völlig unerklärlich ist. Ob man
dies »Gott«, »Buddha-Wesen« oder »die erste Ursache« nennt,
ist unerheblich. Ich halte mein Bewusstsein in der Meditation mit

aller Kraft darauf gerichtet. Damit nehme ich mich automatisch aus der äußeren und auch der inneren Welt heraus. Denn nichts kann vor diesem suchenden Geist bestehen, das noch mit Erkennbarkeit, also mit einer konkreten Erscheinung, behaftet ist. Wenn ich den Willen und die Kraft mitbringe, diese Aufmerksamkeit lange genug aufrechtzuerhalten, wird sich mein Geist öffnen. Ob ich diese Erfahrung Eins-Sein mit Gott oder das Verwirklichen der Buddha-Natur nenne oder sie allgemein als Erleuchtung interpretiere, ändert nichts an ihrer Absolutheit.

Kontemplation

In der christlichen Mystik nähert man sich über den Gottesbegriff an das Unaussprechliche an, das man in der Koan-Schulung durch den suchenden Geist zu ergreifen versucht. Ich habe lange Zeit auf folgende Art meditiert und kann diese Meditation jedem Christen ans Herz legen, der den Worten »Dein Reich komme, Dein Wille geschehe« erfahrbares Leben einhauchen möchte. Der starke Wunsch in mir, die Grenzen meines individuellen Bewusstseins zu überschreiten und das anfängliche Unbehagen mit den Koans des Zen, ließ mich eine Art des Meditierens entwickeln, in der ich meine Aufmerksamkeit auf das richtete, was nicht ist. Im Alltag richtet man seine Aufmerksamkeit auf das, was ist. In meiner Meditation tat ich genau das Gegenteil. Erst später fand ich heraus, dass es eine Art der Kontemplation ist und auf diese oder ähnliche Art wohl schon immer von christlichen Mystikern praktiziert wurde. Ich hatte anfangs keine Ahnung, was ich mit der »ersten Ursache« dem »Ur-Antlitz« oder der berühmt-berüchtigten Aussage »Drei Pfund Hanf« anfangen sollte, die der Mönch Tung-Shan (806–869) der Überlieferung nach auf die Frage »Was ist Buddha?« als Antwort gab. Die »erste Ursache« oder das »Ur-Antlitz« inspirierte mich zwar, doch konnte ich in meiner Meditation lange Zeit keinen richtigen Kontakt dazu herstellen. Deshalb blieben meine Bemühungen unbeseelt und fühlten sich

ziellos an. Eines Tages fand ich jedoch für mich folgende Worte:
»Herr, ich gebe mich ganz in Deine Hände. Ich tue nichts Eigenes
mehr. Keine Gedanken, keine Pläne, keine Bilder, keine Wünsche,
keine Hoffnungen, keine Vorstellungen und Erwartungen. Ich
gebe mich völlig preis und hoffe auf Dein Wirken.« Diesen Ausspruch lasse ich während der Meditation in die Stille verklingen.
Anschließend bleibe ich in der Stille meines leeren Geistes und
richte meine Aufmerksamkeit auf das in keiner Weise Erfahr-
oder Denkbare, auf das, was nicht ist.

Es ist entscheidend, sich weit von all den angenehmen Assoziationen, Gedanken und Gefühlen zu entfernen, die einem oft vor-
schnell zum Thema »Gott« oder »Dein Wille geschehe« in den
Sinn kommen. Nichts, was ich erfahren oder denken kann, nehme ich an. Ich entledige mich aller persönlichen Inhalte des Geistes und akzeptiere keinen Gedanken und keine Regung meines
Gemüts. »Dein Reich komme, Dein Wille geschehe.« Dieses Gefühl durchdringt mich und bleibt in der Stille meines Geistes wie
eine Hintergrundschwingung vorhanden, die ich hin und wieder
aufleuchten lasse, wenn meine Konzentration nachlässt. Sie richtet mich wieder aus auf die Stimmung meines suchenden Geistes,
die ich dann erneut in die Stille mitnehme. Es ist diese Wechselwirkung aus Willen zur Befreiung des Geistes von den bisherigen
Inhalten (Bildern, Gedanken und Gefühlen) und Hingabe an das,
was jenseits all der aufgegebenen Inhalte wartet, die uns empor-
heben kann. Wer das Spiel dieser Wechselwirkung beherrscht,
hat eine Fähigkeit zu einem inneren Dialog mit einer Kraft entwickelt, die ohne Worte zu uns spricht. Diese Art der Meditation,
beseelt von dem starken und unerschütterlichen Wunsch, neue
Horizonte zu erblicken und der engen Stube meiner persönlichen
Welt zu entwachsen, war für mich sehr fruchtbar und stellt den
innersten Kern meiner Spiritualität dar. Ich möchte nochmals be-
tonen, dass ich mich während der Meditation völlig leer mache
und mich aller Gedanken und Bilder enthalte. Nur dann übernimmt etwas in mir das Ruder und lenkt mich gütig in neue und
unbekannte Gefilde. Wer sich aber zu früh in angenehmen Stim-

mungen zurücklehnt, die in der Meditation auftreten, und nicht weitergeht, ist meiner Ansicht nach wie jemand, der sich auf die Suche nach Gold macht und stolz mit Kupfer zurückkehrt, ohne es zu merken. Legen Sie deshalb all ihre Weisheit in die Waagschale, um zu entscheiden, ob Sie auf dem Weg verharren sollen, um das Erreichte zu genießen, oder ob Sie weitergehen.

Die Schule des Nembutsu

Es gibt eine buddhistische Schule, Schule des Nembutsu genannt, in der Erleuchtung durch die ständige Rezitation des Namens des Buddha »Amidabha Buddha« erlangt werden soll. Die Vertreter dieser Schule sagen, dass die permanente Rezitation dieses Wortes zur Wiedergeburt im »reinen Land« führt. Damit ist letztendlich gemeint, dass man durch die Rezitation und die völlige Sammlung, die dazu nötig ist, das Buddha-Wesen verwirklicht. In dieser spirituellen Praxis finden sich wichtige Aspekte aus den bisher beschriebenen Wegen der Achtsamkeitsmeditation wie auch der Koan-Schulung wieder.

Die Schule des Nembutsu unterteilte sich im Lauf der Zeit indes in zwei Lager. Eines vertrat die Meinung, dass es entscheidend sei, nicht nur mechanisch den Namen des Buddha zu rezitieren, sondern sich gleichzeitig all seiner Tugenden und der Bedeutung seiner Person für die Menschen bewusst zu sein. Das bedeutet, dass man sich während der Rezitation auf all das besinnt, was den Weg des Buddha ausmacht. Das andere Lager war der Auffassung, dass die reine Konzentration auf die Rezitation – auch ohne jedes Bewusstsein für den Buddhismus oder Vergegenwärtigung der Tugenden des Buddha und seines Weges – ausreiche, um Buddha in sich zu erblicken, also Erleuchtung zu erfahren. Während das mechanische Rezitieren sich auf das beschränkt, was ist (nämlich die Rezitation), trägt das Vergegenwärtigen der Aussagen des Buddha und seines Weges etwas in sich, das über das Rezitieren hinausdeutet. Das Rezitieren wird hier zu einer Tätigkeit, die den Geist besetzt und beschäftigt hält, während die Aufmerksamkeit sich auf die Bedeutung des buddhistischen Weges richtet. Die Rezitation steht hier in einem ähnlichen Verhältnis zum Ausgerichtet-Sein auf die Tugenden des Buddha wie das Koan zum suchenden Geist. Ein Unterschied ist jedoch, dass die Koan-Schulung nie ohne suchenden Geist praktiziert wird.

Die Frage, die hinter den Auffassungen der beiden Lager steht, lautet demnach: Rezitiere ich den Namen »Amidabha Buddha« und erlange Erleuchtung, weil ich mit dieser Rezitation alles wachrufe, das sich in mir an Werten und Tugenden mit diesem Namen verbindet, oder reicht das pure, mechanische Rezitieren, das durch seine Sammlung alles Übrige für mich tut? Interessant ist in diesem Zusammenhang die Parallele zu den Unterschieden zwischen der Koan-Schulung und der reinen Achtsamkeitsmeditation. Während die eine Richtung den suchenden Geist für unabdingbar hält, beschränkt sich die andere auf das reine Gewahr-Sein der Gegenwart und sieht darin alles, was zu verwirklichen ist. Ich bin ebenfalls der Meinung, dass der suchende Geist ein wichtiges Werkzeug ist, das das reine Gewahrsein beseelt und mit etwas anreichert, das zu einer Erleuchtungs-Erfahrung führen kann. Ich habe aber auch erfahren, dass in der völligen Versunkenheit einer tiefen Meditation der suchende Geist sich ebenfalls auflöst. Erst wenn die Suche keine mehr ist, sondern ein Eins-Sein mit dem Angestrebten, kann die Satori-Erfahrung stattfinden. Wenn man die psychologische Realität einer Meditation betrachtet, kommt man meines Erachtens deshalb nicht an folgenden Tatsachen vorbei:

1. Auch mit suchendem Geist kommt man immer wieder in seiner Meditation in Phasen, in denen der Inhalt des Koans (Zen), die Vergegenwärtigung der Tugenden bei der Rezitation (Nembutsu) oder die Ausrichtung auf das nicht wahrnehmbare Göttliche (Kontemplation) verblasst und man sich im Zeugenbewusstsein ohne suchenden Geist wiederfindet. Im Nachhinein wird es folglich schwer zu erörtern sein, wel-

che der Phasen einen dem Ziel näher brachten und welche nicht. Ich hatte meine tiefsten spirituellen Erlebnisse, als meine Versunkenheit komplett war und sich alles in meinem Bewusstsein auflöste. In einem solchen Moment übernimmt etwas ganz anderes in einem das Ruder, und später sieht man, dass alles, was man zuvor tat, nur ein Vehikel war, das einen in diese Zone gebracht hat, in der man »abgeholt« wurde.

2. Eine Grundvoraussetzung für die Aufnahme der Strapazen einer langjährigen meditativen Praxis ist, dass man aus tiefstem Herzen etwas anstrebt, das jenseits des augenblicklichen Bewusstseinszustandes liegt. So trägt jeder, der sich auf einen der Wege – sei es Aufmerksamkeitsmeditation, Koan-Schulung, Nembutsu, Kontemplation oder etwas anderes – begibt, etwas in sich, das Wesenszüge eines suchenden Geistes beinhaltet. Niemand stellt sich der Herausforderung, einen dieser Wege zu gehen, ohne einen tiefen Glauben in sich zu tragen. Sei es nun der Glaube an die Wirkung des Koans, der Glaube an die Existenz eines Buddha-Wesens, der Glaube an die Kraft der Rezitation des Namens des Buddha oder einfach der Glaube an Gott. Für jemanden, der sich in Kontemplation übt, ist dieser Glaube an Gott selbstverständlich ein Glaube, der sich nicht mit dem Glauben-Müssen abfindet, sondern der nach Erfahrung verlangt. Er stellt somit keinen Endzustand dar, vielmehr wird er zu einer Triebfeder spiritueller Bemühung. Der suchende Geist, der begrifflich eher der Koan-Schulung zugeordnet wird, ist nicht nur bei einem Koan-Schüler oder einen christliche Kontemplation Übenden, sondern auch in einem Anhänger des Vipassanas vorhanden. Auch wenn jener nicht in dieser Form von ihm spricht und ihn nicht bewusst in der Meditation einsetzt.

3. All den aufgeführten Wegen ist eines gemeinsam, und vielleicht liegt darin die letztendliche Kraft, die zu der Erleuchtungs-Erfahrung führt: Stets verlasse ich die Sphäre des Persönlichen vollständig und begebe mich auf Pfade in mir, die ich zuvor noch nicht betreten habe. Pfade, auf denen ich einer

Seite meines Selbst begegne, die nicht von mir gemacht, gewollt oder bestimmt ist. Wenn ich in den tiefsten Grund meines (Bewusst-)Seins herabsteige, verlasse ich die dünne aufgesetzte Schicht meines Ego und übergebe mich dem in mir, aus dem heraus ich eigentlich bin. Das Verlassen des Persönlichen ist das entscheidende Element all dieser Wege.

Wenn jemand prinzipiell Schwierigkeiten hat loszulassen und nicht gerne die Kontrolle abgibt, wird sich in ihm, wenn er davon hört, er müsse sich selbst vergessen und sich vollkommen preisgeben, unter Umständen Widerstand regen. Vielleicht kommt auch Zweifel auf über die Richtigkeit des Weges und die Echtheit der Erfahrung. Mich fragte ein Meditationsschüler einmal, wie man sich eigentlich so sicher sein könne, etwas Göttliches in sich erfahren zu haben? Es könne doch auch einfach sein, dass man sich etwas vormache und in ebenso schwer verständliche wie schwer vermittelbare Erlebnisse etwas hineininterpretiere, das letztendlich womöglich überhaupt nichts mit Gott zu tun hat. Ich denke, dass ich, wenn ich vorher nicht weiß, in welcher Art sich ein Erleuchtungserlebnis in mir ereignet, und wenn das Wesen und die Substanz dieser Erfahrung im Bereich des Unnennbaren liegt, Skeptikern, die die Erfahrung anzweifeln, irgendwann raten muss, eigene Erfahrungen zu machen. Denn von außen betrachtet, kann jemand diese Erfahrung Erleuchtung, Verwirklichen der Buddha-Natur oder Erreichen der Nicht-Dualität nennen. Oder er kann einfach der Meinung sein, dass jemand, der behauptet, so etwas erlebt zu haben, einen ernsthaften Realitätsverlust erlitten hat. Von innen betrachtet, handelt es sich allerdings um ein Erlebnis, das von solch unglaublicher Kraft und Tragweite ist, dass alle Zweifel über die Echtheit oder den Wert des Erlebten weggefegt sind. Wenn Sie jemanden lieben, dann spüren Sie diese Liebe in sich. Sie ist stark und für Sie real, gewissermaßen realer als alles andere. Dennoch würden Sie einem Wesen, das keine Liebe kennt, weder einen Beweis für diese Realität in Ihnen erbringen können, noch könnten Sie schlüssig in Worten erklären, was Liebe mit Ihnen macht. Wenn Ihr Gegenüber die Erfahrung nicht kennt, werden Ihre Worte leere Hülsen bleiben, die der andere mit nichts, was er in sich trägt, anfüllen könnte. Dennoch würde, glaube ich, kein Mensch deshalb die Existenz der Liebe leugnen, auch wenn sie bisher noch niemand gesehen oder bewiesen hat. Wir können nur ihre Werke beobachten.

Trotzdem kann man, wenn jemand ein wirkliches Erleuchtungserlebnis hatte, sei es ein sehr tiefes oder auch ein eher flüchtiges, auch von außen mehrere Dinge beobachten.

1. Das Bedürfnis dieses Menschen, seine Erfahrung sofort mit anderen zu teilen, ist eher gering. Seine innere Bestätigung ist so stark, dass er es nicht sofort der Welt kundtun muss, um sich der Aufmerksamkeit seiner Mitmenschen zu versichern. Keine Anerkennung der Welt könnte auch nur im Geringsten an das Erlebnis heranreichen, das ihm zuteil wurde.

2. Wie rein und wahrhaftig das Erlebnis war, erkennt man daran, ob es das Element des völlig Unaussprechlichen in sich trägt. Es würde zwar den Erfahrenden andächtig verstummen oder »Ah!« rufen lassen. Es würde aber nicht dazu führen, dass er anderen seine Wahrheit aufdrängen will, und ihn von großartigen Visionen und Offenbarungen sprechen lassen. Je mehr jemand glaubt, Gott habe ihm konkrete Inhalte, Zukunftsvisionen oder übersinnliche Gaben geschenkt, desto weiter ist er meiner Ansicht nach wahrscheinlich von dem entfernt, was er glaubt, erlebt zu haben. Wenn man tatsächlich diese Erfahrung gemacht hat, ist es einem völlig gleichgültig, ob man sie als die Erfahrung einer göttlichen Präsenz oder einfach als ein Erreichen tieferer Bewusstseinsschichten bezeichnen möchte. Der ohnehin nicht dem Verstand zugängliche Kern dieser Erfahrung, das Gefühl des Erkennens einer Wahrheit jenseits aller Verstandesinhalte und das Gefühl des Angekommen-Seins, bleiben völlig unberührt von allen späteren Deutungen und Benennungen des Verstandes.

Meditation und Weltbild

Eine Rose ist eine Rose ist eine Rose

Nachdem ich die Stufen der spirituellen Entwicklung durch Achtsamkeitsmeditation und aufbauende Meditationstechniken beschrieben habe, wende ich mich nun dem spirituellen Weltbild
zu, das auf Basis des bisher Dargelegten entsteht. Grundlage der
folgenden Kapitel ist eine Einführung in das buddhistische Weltbild.

Vom Wesen der Dinge

Im Buddhismus spricht man oft von der »Leerheit« der Dinge.
»Leerheit« (Shunyata) ist eine Umschreibung für das Fehlen eines konstanten Seins, einer Eigennatur und eines beständigen Ich
im steten Wandel der Existenz. Die Erscheinungen sind in ihrer
Leerheit ohne eigenes Kennzeichen, ohne inhärente Eigenschaften und damit nicht mehr als Begriffe einer nicht wesenhaften
Welt. Die Welt ist keine Welt des Seins, sondern des ständigen
Werdens, in der es keine festen Substanzen und keine unumstöß-
lichen Realitäten gibt. Die Dinge verändern sich, sie haben kein
beständiges und für uns erfahrbares, unwandelbares Wesen.
Wenn Sie als Erwachsener ein Bild von sich aus den Tagen Ihrer
Kindheit betrachten, so fällt es Ihnen gewiss oftmals schwer zu
glauben, dass Sie das gewesen sein sollen. Aus dem Bild blickt Sie
ein Kind an. Sind Sie immer noch derselbe? Nein, denn Sie haben
sich innerlich wie äußerlich gewandelt. Sind Sie deshalb ein anderer als das Kind auf dem Foto? Nein, auch das trifft nicht zu.
Es handelt sich durchaus um Sie.

Die Dinge sind leer

An diesem Beispiel wird deutlich, dass alles fließt und sich ständig wandelt. Die Dinge fließen, und damit sind auch sie leer, da sie nichts in sich tragen, das bleibt oder bestehende Bedeutung hat. Damit ist auch gemeint, dass die Dinge jenseits unserer Bewertungen einfach das sind, was sie sind. In ihrem eigentlichen Wesen sind sie frei von der Bedeutung, die sie für uns haben. Im Buddhismus spricht man auch von der »Soheit« der Dinge. Jede Bedeutung, jede Bewertung entsteht in uns, in unserem dualistischen Bewusstsein. Wer kennt nicht den von Gertrude Stein geprägten Satz »Eine Rose ist eine Rose ist eine Rose.« Der Satz lautet nicht: »Eine Rose ist wunderschön und duftet angenehm.« Dies wäre eine Bewertung. Außerdem ist eine Rose nur für kurze Zeit wunderschön und duftet nur eine Weile angenehm. Wenn ihre Knospe noch nicht aufgegangen ist, wirkt sie ganz anders auf uns. Wenn die Rose verblüht ist und verwelkt, hat sie sich erneut gewandelt und entspricht ebenfalls nicht mehr dem Klischee einer Rose. Das heißt, dass das eigentliche Wesen der Rose leer ist. Es ist fließend und trägt nichts in sich, was bleibt. Es ist der gleichen Veränderung alles Relativen unterworfen wie alles in der Schöpfung.

In mir erzeugt der Satz »Eine Rose ist eine Rose ist eine Rose« die verschiedensten Gefühle. Eines davon führte anfangs dazu, dass ich dachte: »Irgendwie reicht mir das nicht. Der Satz fühlt sich auf eigenartige Art und Weise leer und sonderbar an. Eine Rose bekommt doch erst Bedeutung für mich, wenn sie spezielle Qualitäten hat, die ich an ihr bemerke. Duft, Farbe, Zartheit, Anmut. Die Rose ist für mich eigentlich gar nicht erfahrbar, wenn ich einfach sage ›Eine Rose ist eine Rose ist eine Rose‹.« Alles bekommt für mich eine Bedeutung und einen Wert, wenn ich es in mein Bild von der Welt einordne. Die Dinge haben eine Qualität für mich, und so finden sie einen Platz in meinem ganz privaten Kosmos. Die Rose ist eben in der Schublade, auf der steht: »Zartes, Wohlduftendes und Anmutiges.« Späterhin fragte ich mich, ob ich durch meine Bewertung das wirkliche Wesen der Rose erfahre oder nur meine Vorstellung davon. Was ist mit der Rose, die verfault ist und auf dem Kompost landet, und mit der, die noch nicht erblüht ist? Entspricht das meinem Bild von der Rose? Wie das Kapitel über die Identifikationen bereits zeigte, können sich Meinungen über etwas wandeln. Wandelt sich aber das innerste Wesen der Rose, nur weil sich ihre Erscheinung und meine Meinung über sie vielleicht wandeln? Wohl kaum. Was ist jedoch das Wesen der Rose jenseits ihrer Erscheinung und unserer Bewertung?

Die Frage nach dem innersten Wesen lässt sich auf viele Bereiche des Lebens übertragen. Wir können zum Beispiel fragen, was der Tod (jenseits unserer Bewertung) ist. Oder wer der mir nahe stehende Mensch ist (jenseits meines Bildes von ihm oder meiner Ansprüche an ihn). Unser unterscheidender Verstand kann die Dinge letztlich nicht erfassen, da das Unterscheiden der Dinge nicht zur Erkenntnis des Eigentlichen führt. Das liegt daran, dass alles, was wir an den Dingen erkennen und unterscheiden, relativ ist und aufeinander bezogen. Wenn jemand etwas erschaffen hat, so gibt es das Erschaffene nicht ohne den Erschaffenden, und der Erschaffende wäre keiner ohne das Erschaffene. Alle Dinge hängen mit anderen zusammen und sind in ihrem Wesen dadurch erst das, was sie für uns zu sein scheinen. Sie haben schon deshalb nichts Absolutes, sondern sind relativ, wandelbar, leer. Denn wenn man unterscheidet, dann übersieht man, dass man auf Grund relativer, wandelbarer Merkmale unterscheidet. Man glaubt, etwas Absolutes auszudrücken, und wird dazu verleitet, daran anzuhaften. Buddha lehrt jedoch, nicht anzuhaften, damit man zum Eigentlichen gelangen kann. Wenn man begreift, dass es nichts Dauerhaftes gibt, dann versteht man auch die Sinnlosigkeit allen Anhaftens auf einem Weg, der das Eigentliche erkennen will. Die Begriffe, auf die man seine Unterscheidung stützt und auf denen die (scheinbare) Erkenntnis aufbaut, entgleiten ebenfalls in die Bedeutungslosigkeit, wenn das Objekt des Begriffes sich wandelt. Schon wenn man das äußere Erscheinungsbild eines Menschen in seinem Leben beschreiben will, braucht man unzählige Begriffe. Man sagt Embryo, man sagt Säugling, man sagt Kind, Jugendlicher, Erwachsener, Greis und Leichnam und eilt mit jedem neuen Begriff im Grunde dem ständigen Wandel hinterher. Das Eigentliche findet sich darin nicht. Erstaunt blicken wir auf den Wandel und finden keine Worte für sein inneres Wesen.

Die Dinge sind ein Gefäß

Folgendes Beispiel, das mich als Musiker schon öfter beschäftigt hat, beleuchtet die Frage nach dem Wesen der Dinge nochmals von einer anderen Seite. Stellen Sie sich vor, drei Menschen hören zusammen ein Musikstück an. Es handelt sich dabei um ein schnelles, stürmisches Stück voller Energie und Tempo. Hinterher sprechen die drei darüber. Der Erste sagt: »Ganz klar, ich sehe hier ein Autorennen und die Stelle, an der die Geigen diese halsbrecherischen Läufe spielen, das ist die Zielgerade, auf der das Stück und das Autorennen seinem Höhepunkt, nämlich dem Ziel, zueilt.« Der Zweite erwidert: »Unsinn, von wegen Autorennen: Das ist das leidenschaftliche Auf und Ab in der Liebe. Ein junger Mann wirbt hier um seine Angebetete. Sie lässt sich umwerben und spielt mit ihm. Und die Geigenpassage am Ende ist der Moment, an dem er endgültig den Schlüssel zu ihrem Herzen findet und sie sich ihm hingibt.« Der Dritte wiederum sagt: »Ich sehe das überhaupt nicht so rosig. Ich finde auch, dass das Stück gar nicht so beschwingt oder leidenschaftlich klingt, dass es Assoziationen an ein Autorennen oder die Liebe zulässt. Ich finde es eher düster oder bedrohlich und sehe ein riesiges Unwetter, das ein kleines Schiff auf dem offenen Meer hin- und herwirft und zu versenken droht. Am Ende passiert dann auch genau das. In dem Moment, in dem die Geigen einsetzen, ist es um das Schiff und die Besatzung geschehen.« Da keiner der drei einen Sonnenuntergang in einer ruhigen Bucht herausgehört hat, scheinen das

Tempo und das offensichtliche Temperament der Komposition eine gewisse Richtung der Interpretation vorgegeben zu haben, der sich die Zuhörer nicht entziehen konnten. Das bedeutet, dass die Beschaffenheit des Gefäßes seinen möglichen Inhalt suggeriert. Die Musik wird zu einem Gefäß für Assoziationen und Gefühle. Sie erblüht aber erst im Bewusstsein des Zuhörers zu all den Bedeutungen, die sie haben könnte. Außerhalb des Bewusstseins des Zuhörers gibt es die Bedeutungen der Musik nicht.

Musik findet genau darin ihre Bedeutung und Bestimmung, dass sie in den Zuhörern etwas auslöst, das objektiv betrachtet nicht in ihr ist. Was Musik in einem auslöst, hängt unter anderem davon ab, ob man in der Lage ist, das Gefäß mit eigenen Bildern, Gefühlen und Assoziationen anzufüllen. Wenn man zum Beispiel noch nie verliebt war, wird es einem vermutlich schwerfallen, ein hochromantisches Musikstück, das den Zuhörer von den Höhen eines innig Verbundenseins mit der Geliebten bis in die Tiefen der völligen Verlorenheit in einer unerwiderten Liebe führt, emotional zu erfassen. Jemandem, der nicht in sozial schwierigen Verhältnissen und einem Milieu aufgewachsen ist, das von Hoffnungslosigkeit und Aggression gezeichnet ist, wird es wahrscheinlich schwerfallen, einen Song einer Heavy-Metal-Band nachzuempfinden, in dem die Band sich ihren Frust aus der Seele schreit und soziale Ungerechtigkeiten anklagt.

Objektiv betrachtet besteht Musik aus Frequenzen. Ein wenig unwissenschaftlicher ausgedrückt: Sie besteht aus Tönen. Kein Musiker der Welt würde jedoch sagen: »Ich mag Musik, weil ich Frequenzen oder Töne mag.« Die Bedeutung der Musik liegt nicht in ihrer Erscheinung als Ton, sondern in ihrem Wesen als Sprache, die sich der Töne bedient. Das innerste Wesen von Musik ist demnach nicht etwas, das man auf dieselbe Weise betrachten kann wie die Rose. Deshalb kann man auch nicht sagen: »Ein Musikstück ist ein Musikstück ist ein Musikstück.« Während es einen Blick auf die Rose jenseits des dualistischen Bewusstseins gibt, das aus unseren Bewertungen und Unterscheidungen besteht, scheint dieser Blick auf die Musik (oder jedes andere

Kunstwerk) unmöglich zu sein. Das innerste Wesen der Musik ist anscheinend aus anderem Stoff gewebt. Das liegt daran, dass ein Musikstück von einem Menschen komponiert wurde, der durch die Musik innere oder äußere Zustände beschreiben will. Es geht um Emotionen und Erlebnisse, die in der Musik verarbeitet werden. Das Leben inspirierte zu der Musik, die Musik ist künstlerischer Ausdruck des Erlebten. Die Musik wächst nicht aus sich heraus (auch wenn sie eigenen musikalischen Gesetzmäßigkeiten folgt). Vielmehr wird sie von etwas genährt, das außerhalb ihres musikalischen Wesens liegt. Die Musik möchte auch nicht auf das innerste und unnennbare Wesen der Dinge verweisen. Vielmehr beschäftigt sie sich mit dem, was der Mensch in die Dinge hineingelegt hat und was er damit erlebt hat. Die Musik richtet den Blick nicht darauf, dass die Dinge leer sind oder dass das Göttliche unfassbar ist für unser dualistisches Alltagsbewusstsein. Sie richtet ihn auf die Sphäre der menschlichen Emotionen, aus der sie auch stammt. Deshalb kann man sich einer Kunstform nicht auf dieselbe Art zuwenden, wie dem innersten Wesen einer Blume oder eines anderen gottgegebenen Dinges in der Schöpfung. Die Musik bewegt sich auf einer anderen Ebene und kann oder will gar nicht zum Unnennbaren zurück, über das sie ohnehin nicht sagen könnte. Man muss die Musik nachfühlen und interpretieren können, damit sie einem ihr Geheimnis verrät. Das Geheimnis entsteht aber in mir und ist in der Interpretation durch mein Bewusstsein beheimatet.

Zusammengefasst bedeutet dies, dass das innere Wesen der Dinge leer ist, die Dinge aber durch ihre äußere Erscheinung für uns zu einem Gefäß werden. Dieses Gefäß können wir mit dem anfüllen, was in uns durch die Art seiner Beschaffenheit angesprochen wird. Die Leerheit der Dinge zeigt sich aber auch in ganz alltäglichen Bereichen unseres Lebens. Der indische Yogi Sri Yukteswar sagte einmal, dass die Menschen die Dinge wie einen Eispickel benutzen, mit dem sie die dünne Schale durchstoßen, die sie vom Glückserlebnis trennt. Leider wird dieses Werkzeug früher oder später stumpf, und man muss sich ein neues suchen,

das die Aufgabe der »Glücks-Freilegung« für uns bewerkstelligen
kann. Damit verrennen wir uns aber in einen großen Irrtum. Wir
glauben fälschlicherweise, dass das Glück sich in dem Ding oder
dem Werkzeug befindet. Das Glück ist jedoch eine Qualität, die
bei genauer Betrachtung getrennt vom Werkzeug existiert. Wie
könnte es sonst in Verbindung mit dem Werkzeug auftreten und
später, wenn die Begeisterung nachlässt, nicht mehr?

Wer in der Meditation nur ein einziges Mal die Erfahrung
gemacht hat, dass das Glück ihm wortlos und gewissermaßen
grundlos in der Stille begegnet, der weiß, dass das Glück in uns
ist. Alle Versuche, es in der Außenwelt zu finden, sind gewissermaßen ein Umweg, wenn nicht sogar ein Irrweg. Wenn wir diese
nie versiegende Quelle des Glücks in uns gefunden haben und
Kontakt zu ihr halten, sind wir frei von der Illusion, das Leben
werde durch Reichtümer, Ruhm oder Erfolg glücklicher. All dies
hält nicht für immer an und lenkt uns letztendlich von der Tatsache ab, dass die Quelle des Glücks woanders liegt. Es ist der uns
zur Verfügung stehende Anteil an unbedingtem Glück in uns
(von innen kommend), der darüber entscheidet, wie schnell und
leicht bedingtes Glück in uns entsteht, das von außen angeregt
wird. Es ist nicht die Qualität der Werkzeuge, die wir benutzen,
um das Glück freizulegen, sondern die Dünne der Schale, die uns
die Länge des Weges zum Glück vorgibt. Dass man diese Schale
in der Meditation völlig auflösen und in das Glück eintauchen
kann, das ohnehin in uns ist, ist eine Erfahrung, die jeder Mensch
in seinem Leben einmal machen sollte – um sich von den Illusio-
nen, die ihn zum Betteln in die Welt treiben, zu befreien und zu
erkennen, dass er schon alles Glück in sich besitzt, welches er
außerhalb sucht.

Dankbarkeit

Im Allgemeinen empfindet sich der Mensch als Lenker seines Schicksals. Es gibt natürlich Kräfte von außen, die unseren Lebensweg mitbestimmen. Aber größtenteils entscheiden letztendlich wir selbst, was in unserem Leben passiert und welchen Weg es nimmt. Wir planen unseren Lebensweg, ergreifen einen Beruf, gründen eine Familie, bauen ein Haus und sorgen für den Ruhestand vor. Wir richten uns ein auf dieser Erde und gehen völlig in unserer Rolle auf, die wir als Menschen in der Gesellschaft spielen. Doch bei allem, was wir tun, schöpfen wir stets aus dem, was uns gegeben wurde. Dass wir diesen Lebensweg überhaupt gehen können mit all seinen wunderbaren Möglichkeiten und Herausforderungen, dass wir überhaupt hier sind und dieses Spiel spielen dürfen, ist nicht unser Werk. Wie lange es andauert, liegt ebenfalls nicht in unserer Macht. Jede Sekunde meines Lebens ist eine Kraft vorhanden, die mich erhält und die mir alles ermöglicht. Wann immer ich daran denke, lässt mich das innehalten und staunen. Meister Eckhart schreibt dazu: »Das Wirken und das Werden aber ist eins. Wenn der Zimmermann nicht wirkt, wird auch das Haus nicht. Wo die Axt ruht, ruht auch das Werden. Gott und ich, wir sind eins in diesem Gewirke; er wirkt und ich werde.« (Meister Eckhart, Einheit im Sein und Wirken)

Trotz dieses allgegenwärtigen Wunders, dessen größter Geniestreich es ist, sich hinter der so genannten Normalität zu verbergen, hadern viele Menschen mit ihrem Schicksal. Sie blicken auf andere, die schöner, gesünder, reicher oder erfolgreicher sind, und sind von Neid erfüllt. Auf der Ebene des bewertenden Denkens kann es tatsächlich unendlich schwer sein, Dankbarkeit für ein Leben zu empfinden, das unter Umständen voller Schwierigkeiten, Ungerechtigkeiten und Entbehrungen ist. Ein Mensch, der ungewöhnlich hässlich ist, mag sich vielleicht fragen, warum er so unansehnlich ist und warum er sein ganzes Leben lang unter Nichtbeachtung und Benachteiligung leiden muss, nur weil andere Menschen mit dem Geschenk eines perfekten Äußeren ausgestattet wurden und ihnen automatisch alle Türen aufgehalten werden, wenn sie erscheinen. Vielleicht weiß er ja, dass er viel mehr zu geben hätte als viele andere, aber niemand wird es je erfahren. Ein anderer könnte denken: »Warum habe ich das Pech, mit einer Behinderung leben und mein Leben mit chronischen Schmerzen und in starker Einschränkung verbringen zu müssen, während andere lächelnd und leicht durch das Leben tänzeln und sich völlig selbstverständlich bester Gesundheit erfreuen? Soll ich dafür etwa dankbar sein?« Aber: Dankbarkeit hat die Kraft zu erlösen.

Natürlich könnte man einwenden, dass Schönheit relativ, niemand auf dieser Welt vollkommen gesund sei und schließlich jeder sein Päckchen zu tragen habe. Das alles mindert meiner Ansicht nach jedoch nicht die Diskrepanz zwischen einem Leben als Pflegefall im Rollstuhl und dem eines gesunden und schönen »Klischee«-Menschen, der alles in vollen Zügen auskosten kann und sein Leben genießt und dem Liebe und Anerkennung aus der Welt der Menschen wie von selbst zufließen. Ich will in Bezug auf Dankbarkeit auch nicht davon anfangen, dass man sich an den kleinen Dingen des Lebens erfreuen sollte oder ähnliche Esoterik-Kalenderspruchweisheiten herauskramen. Auch sie werden relativiert, wenn man seine Zeit auf Erden als Taubstummer verbringen oder sich jede Woche aufs Neue einer Dialyse unterziehen muss. Dies sind gewiss Härtefälle, aber gerade an ihnen wird deutlich, was ich meine, wenn ich sage, dass Dankbarkeit die Kraft hat zu erlösen. Wenn man in der völligen Versenkung einer Meditation unbedingtes Glück, Liebe und ein unbeschreibliches Gefühl des Angekommen-Seins erfahren durfte, dann gelingt es einem – zurückgekehrt ins Alltagsbewusstsein – nicht nur viel besser, die so genannten kleinen Momente des Lebens zu genießen. Dieses Geschenk, das man aus der Meditation mitbringt, ist nicht mehr mit dem persönlichen Glück verbunden. Vielmehr vermittelt es ein Gefühl von der Richtigkeit dessen, was ist, auch wenn die Realität für mich als Person schmerzhaft und quälend ist.

Wenn ich in meiner Meditationspraxis weit genug fortge-
schritten bin, wird das seelische Erleben reicher und mit mehr
Freude erfüllt – was wiederum zeigt, das ein entscheidendes
Merkmal gesteigerter Bewusstheit begonnen hat, in mir zu wirken. Entscheidend hierbei ist, dass die empfundene Freude nicht
dem Wahrgenommenen gilt, sondern dem Wahrnehmen selbst!
Dies ist eine immens wichtige Veränderung. Im Zen spricht man
– auf die für Zen-Meister typische, oftmals etwas nüchterne und
unspektakuläre Art – schlicht von der schon zuvor erwähnten
Soheit der Dinge, die sich einem plötzlich zeigt. Wer die Soheit
der Dinge erkannt hat und sich von dieser Erkenntnis wirklich
durchdringen lässt, der stößt auf den oben geschilderten Reichtum im Erleben. Dass daraus eine nicht mehr versiegende Quelle
des Glückes und der Dankbarkeit entspringt, wird man erleben,
wenn man das Zeugenbewusstsein in sich geweckt hat und darin
einen Ansatz zu einem völlig anderen Ich-Gefühl findet. Dieses
neue Ich ist nicht mehr das alte, vom Ego definierte Ich. Es ist
ohne Form, ohne Farbe, ohne Geschmack. Es ist unberührt vom
Lauf der Zeit. Es ist die transzendente Ichheit eines jeden Menschen. Dieses Ich ist frei von Persönlichem, frei vom Anfang des
Persönlichen, frei vom Ende des Persönlichen, frei von den Begrenzungen des Persönlichen und frei von seinem Leid. Dieses
neue Ich zeigt sich uns als der innere Mensch, den wir durch das
Zeugenbewusstsein kennenlernen können. Es ist dasselbe unper-
sönliche oder transpersonale Ich, das in jedem neu geborenen
Lebewesen erwacht – und das somit aus den Augen unserer Vor-
fahren blickte und auch aus denen unserer Nachkommen blicken
wird.

Die »Deal-Mentalität« –
oder der Umgang mit Leid und Tod

Im Folgenden gehe ich auf ein paar Erscheinungen ein, die mir
immer wieder in esoterischen Zusammenhängen begegnen. Ich
meine damit gewisse Meinungen, Erwartungshaltungen und Ziel-
setzungen, zu denen sich anscheinend viele Menschen hingezo-
gen fühlen, da sie schnell Trost und Bestätigung aus so genannten
»höheren Welten« versprechen. In meinen Augen gibt es verschiedene Erwartungen, die Suchende mit dem Weg verknüpfen,
die sie das Ziel einer wirklichen Wesensschau aber weit verfehlen
lassen, wenn sie an ihnen festhalten. Weit verbreitet ist meiner
Beobachtung nach eine Haltung, die ich »Deal-Mentalität« nenne. Den Begriff »Deal« benutze ich dabei ganz bewusst. Viele
Menschen sind auf dem Weg anscheinend geneigt, für ihre Bemühungen um Erkenntnis etwas zu erwarten, das ihrer Vorstellung
von einem gewünschten Effekt entspricht. Sie glauben zudem,
dass sie bereits von höherer Stelle belohnt werden. So sind zum
Beispiel viele Menschen der Meinung, dass Gott sie leitet und
auf ihrem Weg behütet. Sie verbinden dieses Gefühl des Behütet-
Seins mit verschiedenen Ereignissen im Alltag, sprechen dann
von Fügungen und glauben, in einer übersinnlichen, unergründlichen Weise bevorzugt zu werden. Dieses Geführt- und Behütet-
Sein leiten sie meiner Ansicht nach daraus ab, dass sie glauben,
eine spezielle Verbindung zu »höheren Welten« zu haben und
auf Grund dieser gesteigerten Nähe zu Gott gewissermaßen mit
Sonderkonditionen durchs Leben zu gehen. Dieser Glaube ist jedoch deshalb so fatal, weil er einen ganz langsam von der Wahrheit weg in eine Scheinwelt der heimlichen Belohnung und Bevor-
zugung abdriften lässt. Andere Menschen glauben wiederum,
dass sie von schweren Krankheiten bewahrt bleiben, weil sie eine
New-Age-Technik praktizieren, sich damit »gereinigt« haben
und mit sich selbst »völlig im Einklang« sind. Sie sprechen von
guten und schlechten Energien und laufen, wie ich es in entspre-
chenden Kreisen beobachtet habe, mit einem leichten, in meinen

Augen eingefrorenen Lächeln auf den Lippen durch die Welt, weil sie sich innerlich ganz eng mit Gott verbunden glauben. Diese Menschen versuchen meiner Einschätzung nach, letztendlich durch eine »spirituelle Lebensweise« alles richtig zu machen, und hoffen, am Ende vor Übel bewahrt zu werden.

Hier zeigen sich jedoch deutlich die dualistische Gedankenwelt und die damit verbundenen Wünsche. Der Gott, der alles geschaffen hat und alles ist, wird zu einem Gott, der gut ist, Gesundheit fördert und dem Menschen am liebsten ein endloses (körperliches) Leben schenken würde. Er wird zu einem Gott, der anscheinend in der Jugend, in der Fröhlichkeit, im Leben, in der Kraft und im Gelingen zu finden ist – aber nicht im Alter, in der Trauer, im Tod und im Versagen. Man pickt sich das heraus, was man mag und möchte, und erklärt es zum Guten, Richtigen, Göttlichen. Dabei müsste doch jedem, der sich die Mühe macht, hinter diese Pseudo-Gottesbilder zu schauen, auffallen, dass es in der wirklichen Welt, in der von Gott geschaffenen, wirklichen Welt, anders zugeht. Wo ist Gott, wenn Menschen beten und hoffen und am Ende doch gnadenlos dem Schicksal ausgeliefert sind? Ich glaube nicht, dass es auch nur ein KZ-Insasse an Inbrunst mangeln ließ, in dem Moment, als er hoffte und dafür betete, dass aus der Dusche über ihm Wasser und kein Gas austreten möge. Ich glaube ebenfalls nicht, dass auch nur eine Mutter auf Erden irgendetwas unversucht lassen würde und nicht bereit wäre, in ihrer Liebe alles zu geben, um ihr Kind vor dem Krebstod zu bewahren. Ich glaube auch nicht, dass eines der rund 230.000 Opfer des Tsunami, der 2004 die Küstenregionen des Indischen Ozeans traf, im letzten Moment nicht um Gottes Hilfe gefleht hätte – mit allem, was er zu geben hatte. Diese Aufzählung ließe sich weiter fortsetzen. Dennoch bliebe am Ende die Erkenntnis, dass es den Allmächtigen nur wenig zu kümmern scheint, wie sehr Menschen flehen. Er schert sich anscheinend weder um Gebete noch um ehrliches Bemühen oder um Wahrheit und das Gute. Wäre mit seiner allmächtigen Unterstützung unsere Erde sonst nicht das Paradies schlechthin? Wenn Gott all-

mächtig ist und dazu auch noch gut, warum geht es auf unserem
Planeten dann so zu, wie es schon seit Menschengedenken der
Fall ist? Vermutlich frage nicht nur ich mich, ob dies der »liebe
Gott« ist, von dem man den Kindern erzählt, oder eher einer, der
Menschen in tragischen und sinnlosen Unfällen aus dem Leben
reißt, sie der ganzen Ungerechtigkeit auf diesem Planeten und
grauenhaften Krankheiten aussetzt, zu Tausenden verhungern
lässt und Folterknechten ausliefert. Warum hilft er nicht? Vielleicht macht es ihm ja Spaß, oder er ist letzten Endes ein Voyeur,
der heimlich aus dem Weltall zusieht und sich an dem Elend er-
götzt. Oder er ist vielleicht schizophren. Schenkt uns der gnädige,
liebende Teil das Leben, und der andere dunkle, böse Teil macht
uns den Garaus?

Eines scheint klar. Wenn Gott allmächtig ist, dann sind das
ganze Chaos, der ganze Hass, die ganze Gewalt, die ganze Blind-
heit und die ganze Dunkelheit in unserer Welt auch in seinem allmächtigen Plan enthalten. Wie kann man diesen Gott, der so frei
und so real ist, diesen Gott, der alle Möglichkeiten, von der hells-
ten bis zur dunkelsten, großzügig existieren lässt, mit dem Gott
in Einklang bringen, den sich viele wünschen, dem Gott, der einen befreit, behütet, erlöst? Dem Gott, der voller Gnade ist und
der es letztendlich gut meint mit dem Menschen. Wie können wir
unsere moralischen Vorstellungen von Gut und Böse mit einem
Gott in Einklang bringen, der niemandem Rechenschaft ablegen
muss über das, was passiert, und für den keine Regeln gelten, außer denen, die er selbst aufstellt? Wie können wir ein moralisches
Wertesystem am Leben erhalten, das auf Hilfe, Rücksicht, Gnade, Barmherzigkeit und dem Schutz des Schwächeren basiert,
wenn es dem Schöpfer anscheinend nicht zu knapp an all dem
mangelt? Wir sind ja schließlich schwächer als er, werden aber
dennoch nicht vom dem Leid verschont, das er über uns bringt.
Was schützt uns vor einem Gott, der etwas erschafft, um es später, wie es scheint, völlig leichtfertig wieder zu zerstören, und der
sich nicht an dieser offensichtlichen Sinnlosigkeit stört? Sind wir
einem großen spielenden Kind ausgeliefert, das in unendlicher

Genialität einen wunderschönen Turm aus Bauklötzen baut, nur um im nächsten Moment genauso viel Spaß daran zu haben, ihn laut lachend wieder umzuwerfen? Wenn man etwa tibetische Mönche beim Anfertigen eines Mandalas beobachtet, sieht man, dass sie sich in etwas üben, das der Deal-Mentalität widerspricht. Sie sind dafür bekannt, dass sie in tagelanger unglaublich diffiziler Arbeit aus gefärbtem Sand große Mandalas anfertigen. Diese Mandalas haben oft einen Durchmesser von mehreren Metern, und ihre Anfertigung verlangt ein großes Maß an Planung, künstlerischem Talent und unendlich viel Geduld und Genauigkeit in der Ausführung. Dementsprechend eindrucksvoll und meisterhaft sind dann die Resultate. Aber statt diese wunderschönen Kunstwerke zu bewahren, meditieren die Mönche, vollziehen ein Ritual und zerstören im Anschluss das Mandala. Betriebswirtschaftlich betrachtet ist ihr Verhalten kompletter Wahnsinn. Genauso gut könnte Mercedes-Benz in jahrelanger Entwicklungsarbeit ein neues Auto konzipieren, es bauen und dann alle Exemplare nicht an Kunden verkaufen, sondern andächtig über die nächste Klippe schieben – der Mercedes-Aktienkurs wäre wahrscheinlich für immer im Keller. Was ist nun in diesem Fall der Unterschied zwischen dem Handeln eines Ökonomen und dem eines tibetischen Mönches? Die tibetischen Mönche üben sich beim Anfertigen und Zerstören eines Sandmandalas im Loslassen, und zwar dort, wo es weh tut. Dort, wo sie Liebe, Zeit und Energie investiert haben. Wo sie sich identifiziert haben mit dem Prozess und dem Ergebnis ihrer Bemühungen. Im Grunde genommen imitieren sie die Schöpfung, die Lebewesen erschafft, um sie am Ende ausnahmslos doch sterben zu lassen. Sie üben sich darin, die Vergänglichkeit aller Formen akzeptieren zu können, um das zu sehen, was bleibt. Um das zu sehen, was schon immer da war. Sie versuchen, sich an keine Erscheinung zu binden, um das zu sehen, was nie in Erscheinung tritt und doch ständig anwesend ist. Die Hindus wiederum haben in ihrer Mythologie drei Hauptgottheiten namens Brahma, Vishnu und Shiva. Zusammen bilden diese die Trimurti, die manchmal auch als hinduistische Trinität bezeichnet wird. Sie ist eine hinduistische Dreieinigkeit, die die Vereinigung des Schöpfers (Brahma), des Erhalters (Vishnu) und des Zerstörers (Shiva) darstellt. Demnach scheinen die Hindus sich ohne jede romantische Gottesverklärung im Klaren darüber zu sein, dass alle Elemente in Gott vorhanden sind.

Die bewusstseinsverändernde Wirkung der Zeugen-Meditation hat bei der Frage nach dem »richtigen Umgang« mit dem Leid, das durch Zerstörung verursacht wird, einiges zu bieten. Sie kann dabei helfen, den Irrtümern zu entfliehen, die zu der »Deal-Mentalität« führen, die sich ihren Gott zurechtstutzt auf das, was sie an ihm mag, versteht und annehmen kann. Die Deal-Mentalität, die meiner Beobachtung nach in fast allen oberflächlichen Esoterik-Strömungen anzutreffen ist, erwächst aus einem Verhaftet-Sein an das Ego. Dies ist selbstverständlich normal und bei jedem Menschen vorhanden. Problematisch daran ist jedoch, dass – obwohl sich alle spirituellen Wege auf die Fahne schreiben, das Ego überwinden zu wollen – genau dieses Ego bei vielen dieser Wege geradezu gepflegt wird. Das Problem des Ego, das Menschen von tiefer Wesensschau abhält, hat sich damit einfach verschleiert und verlagert, es wurde aber nicht gelöst. Von der Warte des Ego aus betrachtet ist der Tod durch eine Krankheit oder einen Unfall im »blühenden« Alter von 25 Jahren in einem Leben voller Hoffnungen und Pläne eine große Tragödie. Die Sinnlosigkeit des Todes und die blinde Unbarmherzigkeit des Schicksals, das anscheinend um sich schlägt, ohne darauf zu achten, wen es trifft, schreien im wahrsten Sinn des Wortes zum Himmel. Dennoch passiert es ständig und überall: Kinder sterben an Krebs, Jugendliche verunglücken nach einem Diskobesuch alkoholisiert mit ihrem Auto und reißen vielleicht noch andere mit in den Tod. Familienväter fallen beim sonntäglichen Reparieren des Baumhauses von der Leiter und erleben den nächsten Morgen nicht mehr. Kinder verschlucken beim fröhlichen Spiel im Garten bei einem Schluck aus einem Becher Cola eine Wespe und ersticken auf dem Weg ins Krankenhaus in den Armen der

Eltern. Auch diese Aufzählung ließe sich beliebig fortsetzen. Um alle Fälle von »sinnlosen«, »tragischen« und allgemein als »zu früh« empfundenen Todesfällen der Menschheitsgeschichte zu dokumentieren, bräuchte man vermutlich eine riesige Bibliothek. Obwohl Brahma, Vishnu und Shiva ständig am Werk sind, wollen viele Menschen ihren Gott nur in Brahma und manchmal – wenn es angenehm ist – in Vishnu finden. Shiva, den Zerstörer, leugnen sie in Bezug auf das Göttliche. Das Ego sagt Nein und will nicht krank sein, leiden, sterben. Es sucht nach Sinn und möchte, dass Gott diesen Sinn vorgesehen hat.

Dieser Wunsch ist mir sehr verständlich. Auch ich suche nach Sinn, passe auf mich auf und versuche, einen weiten Bogen um Shiva zu machen. Dennoch ist es irgendwann an der Zeit zu erkennen, dass die Wahrheit unserer Existenz viel größer und unglaublicher ist, als wir es uns in der kleinen Definition unserer Ego-Sphäre träumen lassen. Von der Warte des Zeugenbewusstseins aus lässt sich zum Wirken Shivas Folgendes sagen: Wenn man das Nicht-Denken übt, übt man ständiges Loslassen. Loslassen von Gedanken, Loslassen von Gefühlen, Loslassen von all den Dingen, die uns unser Ego alle paar Sekunden anbietet. Dieses Loslassen ist eine gute Vorbereitung auf das endgültige Loslassen. Das Ego muss das Loslassen lernen bzw. wir müssen die Ego-Sphäre verlassen, um zu einer anderen Sicht auf das Leid und den Verlust zu gelangen. Wenn wir in unserem Innersten das Göttliche erblicken können, das nicht vom Glück der einzelnen Individuen abhängig ist – was mit dem Erreichen des Zeugenbewusstseins erfahrbar zu werden beginnt, da wir dort ebenfalls die Sphäre des Interesses an Persönlichem verlassen –, und wenn auf der höchsten Ebene des Bewusstseins die Erkenntnis wartet, dass wir eins sind mit dem Kosmos, so stellt unser Klammern an diese vergängliche Form einen viel größeren Verlust dar als ihr letztendliches Loslassen. Wir büßen sozusagen den ganzen Kosmos ein, solange wir uns von unserem Ego blenden und binden lassen.

Wenn ich in der Stille der Shikantaza-Meditation alltägliche Dinge tue, tue ich sie nicht mehr. Ich bin die Dinge, die ich tue.

Wenn ich atme, bin ich das Atmen. Wenn ich blicke, bin ich das Blicken. Wenn ich gehe, bin ich das Gehen. Im Zen sagt man auch: »Es atmet«, »Es blickt«, »Es geht«. Das Gleiche gilt für alle Prozesse, die in unserem Körper ablaufen, ohne dass wir auf sie Einfluss hätten. Ich bin das Verdauen. Ich bin der Herzschlag. Ich bin die Funktion der unzähligen Zellen in meinem Körper und deren Zusammenspiel. Ich bin die ganze Zeit über Dinge, die ich nicht erklären und nicht steuern kann. All dies wurde mir geschenkt und wird mir in jedem Moment erneut geschenkt. Ich bin das Erwachsenwerden ebenso wie das Älterwerden, das letztendlich nur eine Veränderung meines Stoffwechsels ist. Ich bin auch diese Veränderung. Sie entsteht durch Bewegung, ohne die Leben nicht möglich wäre. Kein Leben ohne Bewegung und ohne Veränderung.

Wenn man einen Menschen auf der Straße fragte, ob er lebendig sei, würde er dies wahrscheinlich ganz selbstverständlich bejahen. Ist der Mensch in irgendeiner Form von diesem Lebendigsein getrennt? Meiner Ansicht nach gibt es keine Grenze zwischen dem Lebendigsein und dem Menschen. Mir geschieht dieses Leben nicht, es gibt keine Grenze zwischen mir und dem Leben. Ich bin das Leben. Leben ist Veränderung. Ich bin die Veränderung. Ich bin die Bewegung. Wenn es so weit ist, bin ich auch das Ende der Bewegung und das Ende des Stoffwechsels. Ich bin auch das Sterben und das Vergehen, es geschieht mir nicht, ich bin es. Ich bin der Tod! Das Ego, das klammern will und Angst hat, will davon nichts wissen. Aber es weiß von so vielem nicht. Es weiß nicht, woher wir kommen, es weiß genauso wenig, warum wir hier sind. Es weiß nicht, warum alles sich verändert bzw. enden muss. Das Ego weiß außerdem nicht, wie es nach dem Tod weitergeht. Im Grunde weiß es nicht einmal, wer wir wirklich sind. Es lebt in seiner kleinen abgegrenzten Vorstellungswelt und möchte, dass sich die Welt danach ausrichtet. Tut sie das nicht, entsteht Leid. Es übersieht dabei jedoch, dass das Leben einem nicht widerfährt, sondern man selbst dieses Leben und auch sein Ende ist. Wenn ich diese Ebene des transformierten

Zeugen (transformiert von »ich bin nichts von all dem« zu »ich bin all das« einnehmen kann, erkenne ich zudem, dass es nichts zu fürchten gibt. Der Zeuge bleibt von diesem letzten Loslassen ebenfalls unberührt. Was sich wandelt sind die Erscheinungen, nicht Gott oder das Buddha-Wesen oder die Nicht-Dualität. In diesem Bewusstsein entsteht unendliche Freiheit. Die völlige Freiheit des Göttlichen wird zu unserer Freiheit, wenn wir es in unserem Innersten erkennen.

Ich kenne viele Menschen, die die oben beschriebenen Fragen und Vorwürfe gegen Gott erheben. Manch einer von ihnen würde vermutlich gerne einmal dem Schöpfer gegenübertreten, um ihm zu sagen, was er von seiner Schöpfung voller Unvollkommenheit, Qualen und Ängsten hält. Vielleicht würden er ihm bei dieser Gelegenheit sagen, dass er ihn um all das nicht gebeten hat, dass er weder Angst, noch Schmerz und Tod will. Vielleicht würde er ihm auch vorwerfen, dass er nicht gefragt worden war, bevor er auf diesen Planeten geschickt wurde. Das Problematische an diesen Vorwürfen ist die Tatsache, dass es nicht uns und Gott gibt. Eigentlich gibt es nur Gott. Er ist es, der all diese Dinge durch uns erfährt. Wenn man sich die Frage nach dem Sinn des Leidens stellt, kann man meiner Meinung nach zugleich die Frage nach dem Sinn der Schöpfung stellen. Der am klarsten, am einfachsten und überzeugendsten dargestellte Ansatz dazu ist mir in dem Buch »Gespräche mit Gott« von Neale Donald Walsch begegnet. Seine Antwort auf die Frage nach dem Sinn der Schöpfung lautet sinngemäß folgendermaßen: Wenn Gott allmächtig ist und er der Schöpfer des Universums, der Erhalter des Universums und auch der Veränderer des Universum ist, wenn er alles erschaffen hat, alles versteht, alles sieht und alles ist, was ist, wie kann er dann im Wissen um seine Allmächtigkeit die Erfahrungen machen, die so typisch sind für unser Leben? Die Erfahrung jemanden oder etwas Neues kennenzulernen. Die Erfahrung, dass außer einem noch andere da sind. Die Erfahrung, enttäuscht zu werden. Die Erfahrung, etwas nicht zu bewältigen oder zu versagen. Die Antwort lautet: Einem allmächtigen Wesen sind diese

Erfahrungen nicht möglich. Denn in seiner Allmacht ist es nicht an Parameter wie Unfähigkeit oder Unwissenheit gebunden, die diese Erfahrungen ermöglichen. Da es aber allmächtig ist, ist es somit auch in der Lage, das zu sein, was es nicht ist. Das heißt, es kann sich vergessen. Es kann seine Allmacht vergessen. Es kann sich inkarnieren als Mensch, der Grenzen hat und sich als einzelnes, getrenntes Wesen erfährt. Der sich als ein Wesen unter vielen anderen erfährt, als Wesen mit einer Geburt und einem Tod, als Wesen, das der Zeit nicht entfliehen kann, die die Türen hinter uns unüberwindbar verschließt.

Alles, was wir erleben hängt, von unserem Bewusstsein ab. Wir erleben nur die Dinge oder Aspekte der Dinge, die unser Bewusstsein erfassen kann. Auch all die Parameter unserer Erfahrung, die sich grob auf die zwei Hauptpfeiler Begrenztheit und Endlichkeit reduzieren lassen, sind nur in unserem Bewusstsein gegeben. Jenseits der Sphäre des alltäglichen Bewusstsein und der Gebundenheit an ein Ego ist immer noch diese Allmacht in uns, die keine dieser Grenzen kennt. Dort ist das Ende der Zeit, das Ende der Gegensätze und damit das Ende der Dualität. Richtig spannend wird das Spiel der Schöpfung aber nur, wenn alle, die mitspielen, wirklich glauben, dass sie klein, gefährdet, endlich, verletzlich und nicht behütet sind. Wenn der Mensch ahnt, dass er und das Göttliche eins sind, ist das ganze Schauspiel unseres Lebens nur noch halb so bedrohlich. Das Göttliche beschränkt offenkundig seine Allmacht und zerteilt sein allumfassendes und alles durchdringendes Wesen in kleine Formen, die auf Grund ihrer Beschränktheit nur bestimmte Eigenschaften und Möglichkeiten haben. Ein Vogel hat Flügel und kann fliegen. Der Mensch kann diese Erfahrung (ohne ein Flugzeug) nicht machen. Ein Vogel kann wiederum nicht erfahren, wie es etwa ist, ein Bild zu malen oder ein Instrument zu spielen. Durch Beschränkung entstehen Erfahrungswelten, die auf Grund ihrer Beschränkung ihren Reiz entfalten. Wir Menschen tun nichts anderes. Wenn ich zum Beispiel mit meinem Mountainbike durch einen Wald düse, liegt darin für mich ein großer Reiz. Er entsteht dadurch, dass ich

mich gewissen Bedingungen wie Geschwindigkeit, Bodenuneben-
heiten, Hindernisse oder Anstrengung ausliefere. Gleichzeitig
stellt diese Erfahrungswelt eine Beschränkung dar. Denn ich kann
auf dem Mountainbike während der Fahrt weder Kaffee trinken
noch ein Buch lesen. Unser Menschsein ist, wie es scheint, für
Gott ein wenig wie das Radfahren für uns. Eben eine beschränk-
te Erfahrungswelt, die dadurch ihren Reiz gewinnt und »sinnvoll« wird. Wenn man einen Mountainbiker nach dem Sinn seines Tuns fragte, würde er vielleicht antworten, dass der Sinn
einfach das Fahren und die damit verbundene Freude an den Er-
lebnissen beim Fahren ist. Wenn man mich nun nach dem Sinn
unseres Menschseins fragte, würde ich im Kontext dieser Betrachtungen das Gleiche sagen. Der Sinn liegt in den spezifischen
Erfahrungen, die das Menschsein mit sich bringt. Das Göttliche
»beraubt« sich selbst seiner Allmacht und setzt sich bestimmten
(selbst geschaffenen) Bedingungen aus. Dadurch macht es bestimmte Erfahrungen. Es beraubt sich des ganzen Kosmos, um
in unserem Menschsein das Menschsein zu erfahren. In meinen
Augen ist das ein unglaubliches Schauspiel.

Entscheidend für den Menschen und seinen spirituellen Weg
ist, dass er Folgendes erkennt: Hinter all diesen Beschränkungen
und Bedingungen seiner Erfahrungswelt liegt immer die Freiheit,
von der er »nur« durch sein Bewusstsein getrennt ist. Unser innerstes und wahres Wesen ist göttlich, jenseits aller Gegensätze
des dualistischen Bewusstseins, und völlig frei. Ohne dieses Wissen könnte man sich im Alltag gleichwohl denken: »Na toll! Wer
bin ich denn? Vielleicht ein göttliches Versuchskaninchen? Wenn
der Allmächtige Leid und Angst erfahren möchte, dann soll er
doch bitte sich quälen und nicht mich.« Erneut gilt: Es gibt nicht
uns und ihn. Aber solange ich voller Gram und Anschuldigungen
bin, bin ich tief in der Ebene des Ego gefangen und bekomme
Gott (in meinem Bewusstsein) nicht zu Gesicht. Wenn ich mich
mit all der nötigen Liebe und Energie auf den Weg mache, mich
wirklich zu erkennen und etwa auf dem Weg der Meditation zur
tiefsten Schicht meines Seins vordringe, verschwindet gleichzeitig

der, der all die Vorwürfe gegenüber Gott äußern könnte, nämlich das Ego. Das Resultat ist ein Dilemma, denn entweder fehlt Gott oder das erzürnte Ego. Deshalb werden die beiden sich nie gegenüberstehen. Wenn ich in meinem Bewusstsein dem Schöpfer »gegenüberstehe«, ist da nur noch Liebe, Freude und grenzenlose Freiheit. Hinzu kommt die Erkenntnis oder besser die Erfahrung, dass alles gut ist, wie es ist. Alles hat seinen Platz. Das Helle, das Dunkle, das Wissende und das Unwissende, das Gute und das Böse. Wenn wir uns nach einer Meditation wieder auf die Ebene des alltäglichen Bewusstseins zurückbegeben, treten wir gleichzeitig wieder ein in die Ebene der Spannung zwischen den Polen der Dualität. Damit betreten wir zugleich einen Bereich der Spannung zwischen dem Ich und der Welt, und dies ist der vorherrschende Erfahrungsparameter in unserem Alltagsbewusstsein. Das heißt, dass wir den Kräften des Schicksals wieder ungeschützt ausgeliefert sind, die von außen durch Unfälle, Krankheiten oder andere Menschen an uns herantreten. Was aber ist mit den Kräften in uns, die uns antreiben und uns dazu bringen, anderen Menschen Leid zuzufügen? Was ist, wenn Menschen voller Hass sind und sich gegenseitig verletzen? In der Menschheitsgeschichte gab und gibt es die verschiedensten Szenarien und Erklärungsversuche zu diesen drängenden Fragen. In seiner Not und in der Verlegenheit, was er von Gott halten soll, der trotz seiner Allmacht all das Schreckliche zulässt, das einem im Leben widerfahren kann, musste sich der Mensch meiner Ansicht nach zwangsläufig einen Sündenbock kreieren, um die Schuldfrage in den Griff zu bekommen.

Vom so genannten Bösen

Wie ich gezeigt habe, reicht die Geschichte vom »lieben Gott« in der Form, wie man sie Kindern (und leider auch noch sehr vielen Erwachsenen) erzählt, nicht aus, um ein tieferes Verständnis der Zusammenhänge zwischen Gut und Böse zu ermöglichen. Im

»Vaterunser«, das sich nicht an den »Leibhaftigen«, sondern den
»Allmächtigen« richtet, gibt es den Satz: »... und führe uns nicht
in Versuchung.« Mir scheint, als ob der Verfasser des Gebets genau gewusst habe, mit wem er es zu tun hat. Wenn man im An-
gesicht eines allmächtigen Gottes den Gedanken nicht erträgt,
dass er in seiner Allmacht auch für all das Leid und den Wahnsinn verantwortlich zu machen ist, die unsere Welt ständig heim-
suchen, dann muss man, um seinen Glauben nicht zu verlieren,
einer anderen Kraft die Schuld geben. Obwohl das »Vaterunser«
klare Worte spricht, wurde mit Luzifer ein Sündenbock erfunden,
der für die unangenehmen Dinge zuständig ist. Dahinter steht
meiner Ansicht nach eine Logik, die besagt, dass Gott zwar
schon allmächtig sei, Luzifer es aber dennoch geschafft habe, sich
der Seelen der Menschen zu bemächtigen. Kurzum: Der Teufel ist
schuld. Wenn das so ist, reicht es aus, die Zuflucht bei Gott zu
suchen, um alle Probleme aus der Welt zu schaffen.

Ich denke jedoch, dass dies ein Fehlschluss ist. Denn die Probleme fangen damit erst richtig an. Wie fühlt sich ein Mensch,
der geduldig sein möchte, dessen Naturell aber aufbrausend und
ungeduldig ist? Wie fühlt jemand, der gut sein möchte, anderen
helfen möchte, sich selbst zurücknehmen möchte, der aber in sich
Stimmen hört, die ihm raten, sich nicht ausnutzen zu lassen und
seine Rechte einzufordern, damit er am Ende nicht ausgebrannt
und mit einem Magengeschwür dasteht? Wie fühlt jemand, der in
den heiligen Bund der Ehe getreten ist, aber im Lauf der Jahre
durchaus auch Interesse an Erfahrungen mit anderen Partnern
verspürt? Oder allgemeiner formuliert: Wie fühlen Menschen
sich in einer Welt, die sowohl von ihnen verlangt, sich um sich
selbst und um ihre Bedürfnisse zu kümmern als auch mit anderen auszukommen? Im Grunde genommen ist es immer dasselbe
Spannungsfeld, in dem wir uns aufhalten. Das moralische »Ideal«
verlangt: »Kümmere Dich um andere.« Die »Natur« verlangt:
»Kümmere Dich um Dich selbst.« Das so genannte Böse tritt in
diesem Kontext immer als das Letztere auf. Sein Gesicht zeigt es,
wie viele Beispiele der Menschheitsgeschichte zeigen, in einem

Menschen, der egoistisch und ohne eine Vorstellung von richtig und falsch andere behandelt, wie es ihm beliebt. Sein Wunsch hat den anderen Befehl zu sein, demjenigen, der nicht mitmacht, blüht nichts Gutes.

Meiner Ansicht nach ist der einzige schlüssige und wasserdichte Ansatz zu der Problematik des »Bösen in uns« die Theorie des Holons, den auch Ken Wilber in seinen Werken aufgreift. Im Universum ist alles ein Holon, das heißt etwas in sich Geschlossenes, das zugleich Teil eines Größeren ist. Ein Atom ist Teil eines Moleküls, das wiederum Teil einer Zelle ist, die Teil eines Organs ist, das Teil eines Körpers ist, der als Lebewesen Teil wiederum der Erde ist, die Teil eines Sonnensystems ist, das Teil einer Galaxie ist, das letzten Endes ein Teil des Universums ist. Wir Menschen sind ebenfalls in sich geschlossene Holons, die zugleich Teil von etwas Größerem sind. Biologisch betrachtet sind wir Teil einer Biosphäre, sozialwissenschaftlich gesehen Teil einer Gesellschaft.

Jedes Holon vereint in sich demnach zwei Tendenzen: Abgrenzung (in sich geschlossen) und Selbsttranszendenz (Teil eines Größeren). Wenn ein Holon einen der beiden Aspekte seines Seins leugnet oder gefährdet, kann es nicht mehr existieren. So muss etwa eine Zelle im menschlichen Körper auf der einen Seite ihre Trennung von den anderen Zellen durch ihre Zellwand behaupten und aufrechterhalten, sonst hört sie auf als Zelle zu existieren. Auf der anderen Seite muss sie mit anderen Zellen zusammenarbeiten, um dem Größeren, dessen Teil sie ist, gerecht zu werden. Wenn sie das nicht täte, wäre dies ebenfalls das Ende für den Körper. Übertragen auf unser Leben bedeutet dies, dass ein Mensch einerseits als eigenständiges Individuum agieren und seine Selbstständigkeit beachten muss. Andererseits ist er Teil eines Größeren und muss diesen Aspekt genauso beachten. Er darf zum Beispiel aus biologischer Sicht die Umwelt, also die Biosphäre, deren Teil er ist, nicht zerstören, weil dies auch sein Ende wäre. Aus gesellschaftswissenschaftlicher Sicht darf er die anderen Menschen nicht gefährden oder unterdrücken, weil er selbst

Teil dieser Gesellschaft ist, die ebenfalls zu Grunde gehen würde, wenn jeder gegen den anderen kämpfte und es kein Miteinander gäbe. Nur wenn der Mensch sich selbst schützt und gleichzeitig auch das Große, dessen Teil er ist, kann er auf Dauer seine Existenz als Holon bewahren. Wir leben in diesem Spannungsfeld zwischen Egozentrik und Selbsttranszendenz, aus dem unsere Probleme miteinander entstehen und wo der Nährboden für »Böses« zu finden ist. Das Böse ist meiner Meinung nach deshalb eine Verweigerung der Selbsttranszendenz.

Offen ist weiterhin jedoch die Frage, ob Gott in einem sadistischen Folterknecht genauso anzutreffen ist wie in einem Heiligen. Ist Gott genauso böse, wie er gut ist, oder ist er keines von beidem, da er frei ist von der Bewertung dessen, was passiert? Ich habe einmal einen Satz gelesen, der mich lange beschäftigt hat. Er lautete: »Wenn Gott allmächtig ist, hat er auch die Möglichkeit, das zu sein, was er nicht ist.« Daneben war mir ein weiterer Gedanke hilfreich, die Problematik des »Bösen« zu ergründen: Menschen brauchen Gegensätze, um Dinge zu erkennen. Das liegt an unserem dualistischen Bewusstsein, das alles in Gegensätze aufteilt. Wie wir die Welt erleben, spielt sich immer zwischen zwei Polen ab. Ohne »groß« würden wir kein »klein« kennen, ohne »kalt« kein »heiß«, ohne »ungerecht« kein »gerecht«. Ohne »böse« würden wir deshalb auch kein »gut« kennen. Um Gott endgültig zu »rehabilitieren«, könnte man zwei Punkte anführen. Erstens den Gedanken von der Erfahrung, die das Göttliche durch uns macht, und zweitens den möglicherweise etwas verwirrenden Gedanken, dass Gott auch ist, was er nicht ist.

Mein Bild von Gott lässt sich am Beispiel des Lichtes erklären. Denken Sie an einen ganz normalen Tag auf dem Planeten Erde. Die Sonne scheint, alles ist erhellt in ihrem Licht. Alles, was wir sehen, sehen wir, weil das Licht überall ist. Was wir aber nie zu Gesicht bekommen, ist das Licht selbst. Denn wenn das Licht sichtbar wäre, würde es alles verdecken und wir würden nichts mehr sehen außer dem Licht. Das Licht tritt demnach nur in Erscheinung, wenn es auf Materie trifft (die Schöpfung). Schön beobachten kann man dies, wenn man in das Weltall blickt, das pechschwarz ist, obwohl es voller Licht ist. Auch der Raum zwischen Erde und Sonne ist pechschwarz, obwohl in diesem Raum das Licht von der Sonne zur Erde unterwegs ist. Erst wenn das Licht auf etwas trifft, wird es sichtbar. Genauer gesagt, nicht das Licht wird sichtbar, sondern das, worauf es trifft. Das bedeutet, dass letztendlich noch niemand auf diesem Planeten das Licht je zu Gesicht bekommen hat.

Für die Dunkelheit gibt es zwei Gründe. Im Weltall ist es dunkel, weil die Materie fehlt. Gleichwohl ist das Licht durchaus vorhanden. Es ist sozusagen hell, ohne dass wir es bemerken. Wenn ich mich in einem geschlossenen Raum aufhalte, der nicht beleuchtet ist, ist es dunkel um mich. Wenn ich ein Fenster öffne und draußen die Sonne scheint, wird es schlagartig hell im Zimmer. Wenn ich nachts im Dunkeln vor einem Haus stehe, dessen Rollläden geschlossen sind, und jemand öffnet einen Rollladen, fällt das Licht des Zimmers nach außen und erhellt den Platz vor dem Haus. Obwohl es nachts überall dunkel ist und die Dunkelheit sozusagen in der Übermacht, kann es nicht passieren, dass die ganze Dunkelheit der Nacht beim Öffnen des Rollladens ins Zimmer schwappt und es auch dort dunkel wird. Die Dunkelheit ist in diesem Fall nur die Abwesenheit des Lichtes. Sie hat kein eigenes Wesen. Man könnte umgekehrt jedoch nie sagen: »Das Licht ist die Abwesenheit der Dunkelheit.« Es gibt kein Ringen zwischen Hell und Dunkel, dessen Ausgang ungewiss ist. Beim kleinsten Funken Licht weicht die Dunkelheit unaufhaltsam. Da wir das Licht nicht sehen können, brauchen wir, um überhaupt zu wissen, dass es so etwas wie Licht gibt, einen Gegenpol. Hier ist es die Dunkelheit, die erst die Erfahrung von Licht ermöglicht.

Zurück zum Bösen, dessen Grund in der Egozentrik, der Abgrenzung und der damit verbundenen Angst vor dem »Fremden« und der daraus resultierenden Aggression liegt. Egozentrik, Angst, Aggression haben ihren Ursprung ebenfalls im dualen Bewusstsein. Ihr Gegenpol ist die Liebe. Dort, wo Liebe ist, gibt es keine Angst und keine Aggression. Die Analogie des Lichtes lässt sich auch ganz leicht auf Gott übertragen. Er ist wie das Licht nicht sichtbar, dennoch ist er überall. So, wie wir die Dunkelheit brauchen, um das Licht erfahren zu können, brauchen wir die Egozentrik, um die völlige (Selbst-)Transzendenz erfahren zu können. Das Dunkle ist nicht böse, weil es den Gegenpol zum Licht bildet. Ebenso wenig ist die Egozentrik böse, die wir brauchen, um Gott (als Transzendenz) in unserem dualistischen Bewusstsein überhaupt erst denken zu können. Das »Böse« ist nicht einfach böse. Als Abwesenheit von Liebe ist das Böse der Gegenpol, der es uns ermöglicht, das Gute zu erkennen. Das Böse ist sozusagen der Thron des Guten. Das Böse selbst hat kein eigenes Wesen. Es kann wie die Dunkelheit nur in Abwesenheit der Liebe existieren. Sobald ich jemanden liebe, endet meine Möglichkeit, ihm Böses anzutun.

Den Widerspruch zwischen Egozentrik und Selbsttranszendenz überwinden

Der Mensch ist nur in der Mehrzahl denkbar. Als Einzelwesen kann und will man sich den Menschen nicht vorstellen. Unser Leben hat demnach nur Sinn in der Interaktion, im Miteinander mit all seinen kleinen Spannungen und Erlösungen. Über allem stehen wie beschrieben die Forderungen »Kümmere dich um dich selbst!« und »Kümmere dich um andere!«. Anders ausgedrückt: Egozentrik und Selbsttranszendenz. Je weiter ich in meiner Meditationspraxis fortschreite und erkenne, dass mein Ego zwar ein wichtiger Teil meines Erlebens in dieser Welt ist, aber nicht die Quelle meiner Existenz, desto freier werde ich von ihm. Ich erkenne die Egozentrik als das, was sie ist. Nämlich der entgegengesetzte Pol zur Transzendenz, der für unser dualistisches Bewusstsein nötig ist – genauso wie die Dunkelheit nötig ist, um eine Vorstellung vom Licht zu bekommen. Der in der Meditation Fortgeschrittene beginnt, sich zu fragen, ob Freiheit nicht der Zustand ist, in dem man frei ist von den Wünschen, die das Ego umtreiben. Freiheit wäre dann ein Zustand, in dem das Glück und die Freude bedingungslos sind und nicht durch äußere Faktoren bestimmt. Eines ist ganz sicher: Alles ist vergänglich. Schon Buddha fragte sich, warum er, der er vergänglich ist und Alter und Tod unterworfen, nach etwas suchen sollte, dass ebenfalls vergänglich ist. Unsere Wünsche sind vergänglich, ebenso wie die Dinge um uns herum und unsere Freude daran. Wenn sie zuletzt verloschen ist, werden neue Wünsche entstehen, die uns von Neuem antreiben. Letztendlich wird ihr Reiz verblassen. Wenn wir es nicht schaffen, den Vorhang der Täuschung zu heben, werden wir unser ganzes Leben lang in diesem Schauspiel gefangen sein.

Wer die Unbedingtheit seines innersten Wesens erfahren will, kann dies tun, indem er die Welt seines alltäglichen und auf das Ego bezogenen Bewusstseins verlässt und sich öffnet für das, was dahintersteckt. Das bedeutet, dass das Überwinden der Wünsche zugleich ein Überwinden der Ego-Sphäre und des scheinbaren Ichs darstellt. Darüber hinaus beinhaltet diese Überwindung ein Erwachen zu dem wahren (göttlichen) Ich. Dieses Ich, der innere Mensch, hat nichts mehr mit Persönlichem und mit Ego-Verbundenem zu tun und sprengt die Grenzen des Alltags- und Egobewusstseins sofort. Bezogen auf das Wünschen bedeutet dies, dass man einem Wunsch auf zwei Arten begegnen kann. Man kann ihn entweder erfüllen, oder man kann sein Bewusstsein ändern, und der Wunsch verschwindet. Wünsche lassen sich meiner Ansicht nach mit Hunger vergleichen. Ich kann essen und essen, früher oder später werde ich wieder Hunger haben, und das Spiel beginnt von vorne. Dem Hunger können wir nicht entfliehen. Fraglich ist, ob dies auch für die anderen Dinge, die uns antreiben, wie den Wunsch, anerkannt zu werden, es bequem zu haben oder Wohlstand zu genießen, gilt. Besteht die Freiheit darin, in der Welt so stark und mächtig zu werden, dass man sich alle Wünsche erfüllen kann, oder besteht sie darin, sich von den ständig neu erscheinenden Wünschen frei zu machen? Worin besteht die größtmögliche Freiheit, die wir als Menschen erleben können? Wir können entscheiden, ob wir zum Opfer der Werbung werden wollen, die uns weismachen will, dass das größte Glück auf Erden zum Beispiel darin besteht, günstig zu telefonieren oder den neuesten Wagen der Marke X zu besitzen. Oder ob wir in uns blicken, wo eine Freiheit wartet, die alles übersteigt, was der Mensch sich in seinem Alltagsbewusstsein vorstellen kann. Denn Gott hat uns vor allem auch eines geschenkt: die Freiheit zu entscheiden.

Ken Wilber verglich in einem Interview auf die Frage nach dem Unterschied zwischen dem christlichen und dem buddhistischen Weg das Leben mit all seinen Vorstellungswelten und Bedingungen mit einem Traum. Er sagte sinngemäß: Wenn man träume, dass man einer großen, hungernden Menschenmenge begegne, könne man zwei Dinge tun. Man könne die Leute im Traum alle füttern oder aufwachen. Ich verstehe das Füttern der Menschen als eine Metapher für das Denken in Gut und Böse. Füttern steht hier für das Gute. Den Menschen nicht zu helfen dementsprechend für Egozentrik und das Böse. Wilber bietet jedoch noch eine weitere »Alternative« an: Man kann aufwachen. Damit meint er, dass man die Ebene des in Gut und Böse unterteilenden Verstandes verlässt und sich klar darüber wird, dass der Spannungsbereich zwischen Egozentrik und Transzendenz noch einmal etwas Übergeordnetes hat, das außerhalb von allem steht. Dieses Aufwachen, sprich das Verlassen der dualistischen Ebene und das Erwachen in einer absoluten Ebene jenseits der Gegensätze, bedeutet auch, dass wir Gott weder in der Egozentrik noch in der Selbsttranszendenz vollkommen antreffen und erkennen werden. Gott ist erneut das Allumfassende, die erste Ursache, die die Egozentrik und die Selbsttranszendenz erst ermöglicht. Dies ist auch der Grund, warum man sich in der christlichen Kontemplation völlig leer macht von allen Vorstellungen über Gott und es ihm so ermöglicht, in uns zu wirken. Nur wenn wir völlig leer sind, kann es sein, dass wir in den Zustand gelangen, in dem wir unseren tiefsten Grund wahrnehmen. Wenn wir ihn wahrgenommen haben, können wir auch ihn irgendwann durchstoßen und immer tiefer hinabsinken in die Bereiche unseres Seins, die nicht personal sind und aus denen wir doch stammen und die uns zutiefst durchdringen. Der Verstand mit seinen Vorstellungen aus der dualistischen Welt kann dorthin nicht folgen. Das erwachte Bewusstsein jenseits der Gegensätze schon, und obwohl es keine Worte dafür gibt, haben viele Mystiker immer wieder versucht, diese Nicht-Dualität zu beschreiben. Der Philosoph Dionysius Areopagita (um 500) etwa bezeichnet Gott als »die erste Ursache«.

Die erste Ursache von allem
ist weder Sein noch Leben;
denn sie ist es ja gewesen,
die Sein und Leben erst erschaffen.

Die erste Ursache
ist auch nicht Begriff oder Vernunft;
denn sie ist es ja gewesen,
die Begriffe und Vernunft erst erschaffen.

Die erste Ursache
ist auch nicht an einem bestimmten Ort zu finden,
weder an einem Ort im Raum
noch an einem Ort in Gedanken;
denn jeder Ort ist ja nur ein Geschöpf.

Nichts in dieser Welt ist die erste Ursache;
denn alles in dieser Welt
ist ja von ihr erschaffen.

Und dennoch ist sie keineswegs ohne Macht:
Denn sie hat doch alles erschaffen,
alles ins Sein gerufen, was ist.
Und Schöpfung, Ruf ins Sein, braucht eine Macht,
damit auch wirklich etwas entsteht.

Und dennoch ist diese erste Ursache
auch keine Macht;
denn sie ist es ja gewesen,
die die Macht erst erschaffen hat.
(aus: Willigis Jäger, Mystische Spiritualität, Textsammlung)

Einerseits sind wir die kleinen, hilflosen Menschen, die durch das Leben stolpern und dem Schicksal schutzlos ausgeliefert sind. Andererseits sind wir aber zugleich die »erste Ursache«, die all dies erschaffen hat und in jedem Moment erhält und verändert. Diese erste Ursache, die völlig unberührt ist von den Einzelschicksalen auf diesem Planeten. Selbst wenn morgen ein Meteorit unseren Planeten in zwei Hälften spaltete, wäre dies das Werk Gottes, der bei all dem nicht einmal mit der Wimper zuckte. Wir sind nur eine kleine Strömung im unendlichen Strom Gottes. Selbst wenn die kleine Strömung vergeht – das unendliche Wesen, das allem zu Grunde liegt, vergeht nicht. Dieses Wesen ist in uns präsent. Wenn wir nur tief genug in uns hineinblicken und die Ebene unserer vergänglichen persönlichen Belange verlassen, erblicken wir das Unvergängliche. Dann gibt es kein Jammern und kein Klagen mehr. Dann bemerken wir, dass wir nicht verlieren können in diesem göttlichen Spiel, selbst wenn wir schon morgen alles verlieren sollten. Letztendlich ist dann auch nicht mehr die Frage entscheidend, was Gott ist, sondern die, welchen Teil des unendlichen göttlichen Wesens wir wahrnehmen. Bleiben wir auf der Ebene gefangen, die das typisch Menschliche beheimatet, mit aller Dunkelheit und Getriebenheit, mit allen Ängsten und Schmerzen? Oder schaffen wir es, uns über die Grenzen des Persönlichen zu erheben und zu einer übergeordneten Ebene zu gelangen, von der aus das ganze Schauspiel in einem anderen Licht erscheint? Gott ist in allem, was uns in unserem alltäglichen Leben umgibt. Und dennoch kann all dies uns von Gott ablenken, wenn wir es mit den Augen des dualistischen Bewusstseins anblicken. Jesus sagte: »Spaltet ein Holz – ich bin da. Hebt einen Stein auf, und ihr werdet mich finden.« (EvThom 77,2) Ob wir das Göttliche erblicken, hängt nicht von der Beschaffenheit des Steines oder des Holzes ab, sondern von unserem Bewusstsein, in dem wir die Dinge tun und sehen.

In diesem Zusammenhang erscheint auch die Frage nach dem Bösen noch einmal in einem neuen Licht. Man könnte fragen, ob der klassische Bösewicht in seiner Art zu sein sich nicht immer tiefer in die Ebene der Egozentrik verliert, wenn die höchste Ebene des menschlichen Wesens in das Trans-Personale eingeht und wir auf dieser Ebene Aspekte unseres Daseins wahrnehmen, die alle unsere weltlichen Umtriebe unendlich weit übersteigen. Vielleicht glaubt er ja, in seiner Boshaftigkeit unglaublich gerissen und gefährlich zu sein. Aber im Grunde schneidet sich der Bösewicht durch jede seiner Taten weiter von dem ab, was er wirklich ist. Bis er völlig gefangen ist in einer Welt der kleinen Scharmützel gegen den Rest der Welt. Ich bin jedoch sicher, dass für jeden Menschen irgendwann der Moment kommt, in dem er sich fragt, was sein Treiben eigentlich bewirkt. Vielleicht blickt er dann auf den ganzen Weg der Ego-Verstrickung und Dunkelheit, den er gegangen ist und den er wieder zurück muss. Für manche mag dieser Tunnel endlos lang sein und das Licht am Ende kaum noch sichtbar. Andere werden vielleicht bemerken, dass sie nur noch einen Schritt tun müssen. Das Böse als Verstrickung in der Egozentrik ist demnach durchaus zweischneidig. Auch wenn der, der Böses tut, die andere Schneide der Klinge lange nicht sieht. In meinen Augen ist das Böse das Verharren in der Sphäre des Ego, die zwar Bedingung unseres Menschseins darstellt, aber nicht dessen Ziel ist.

Für mich ist mittlerweile in erster Linie die Frage nach der inneren Freiheit und nicht mehr die Frage nach »gut« und »böse« entscheidend, da die Definition dieser Begriffe zu stark von der Ausrichtung des Bewusstseins abhängt. Schließlich war es schon immer so, dass die Menschen auf beiden Seiten einer Grenze zwischen zwei befeindeten Parteien der Ansicht waren, im Recht zu sein und für das Gute zu stehen. Schuld sind immer die anderen, egal, ob es sich bei der Grenze um eine Landesgrenze zum Feind oder um den Gartenzaun zum verhassten Nachbarn handelt. Die Probleme entstehen meiner Ansicht nach immer durch Ansprüche, die geltend gemacht werden, und aus dem Gefühl, dass andere zu Unrecht das Gleiche für sich beanspruchen. Wenn ich meinen Charakter geläutert und meine Bestrebungen von allem Unnötigen gereinigt habe, das mich in der dunklen Ego-Sphäre meines Bewusstseins gefangen hält, dann kämpfe ich nicht mehr mit in dem Kampf um Reichtümer, Macht und Ansehen, in den fast alle materiell denkenden Menschen verstrickt sind. Während dieser Kampf in Ländern, in denen es wirklich um das nackte Überleben geht, noch verständlich und nachvollziehbar ist, ist er hierzulande, im wohlhabenden Deutschland, ein in meinen Augen des Menschen unwürdiger Kampf – angestachelt durch falsche Lebensziele.

Wer jedoch in sich das göttliche Licht erblickt hat, der gerät nicht mehr in den Teufelskreis ständig neu aufsteigender Wünsche und Begierden. Die materielle Welt und ihre typischen Inhalte bekommen einen faden Geschmack, und man fühlt, dass man bei diesem Spiel nicht mehr mitspielen will. Es ist jedoch kein Geschmack nach Verzicht und Kasteiung. Im Gegenteil, es ist Befreiung. Ich darf also, um dem Bösen zu entrinnen, nicht dem Irrtum erliegen, dass ich Gutes tun muss. Vielmehr muss ich die Ego-Sphäre meines Bewusstseins verlassen, um den transpersonalen Grund zu erleben, aus dem wir alle stammen und gespeist werden. Mit dem Erblicken dieser Wahrheit verschwindet auf Dauer die in der Sphäre des Ego beheimatete Macht in uns, die uns in unseren Begierden gefangen hält. Wenn wir diese Freiheit erlangt haben, hat sich unser Wesen so weit gelichtet, dass sich der scheinbare Widerspruch zwischen Egozentrik und Transzendenz auflöst. Wir können voll und ganz Mensch sein, und dies auf eine Art und Weise, in der wir unseren Mitmenschen begegnen können, ohne mit ihnen zu kollidieren.

Über die Liebe

Wenn es um spirituelle Entwicklung geht, darf die Liebe nicht unerwähnt bleiben, deren Wert für den Menschen nicht hoch genug eingeschätzt werden kann. Dass ich sie erst jetzt ausführlich erwähne, hat mit den Aspekten Aktivität und Passivität zu tun. Bislang ging es um verschiedene Meditationstechniken und Betrachtungen zum menschlichen Bewusstsein, die einem Menschen helfen können, sich weiterzuentwickeln. Es beschreibt das, was ein Mensch selbst tun kann, und findet in dem Bereich statt, der von ihm beeinflusst werden kann. Die Liebe hingegen tritt von einer anderen, der passiven Seite in unsere Seele. Man kann sie nicht wollen, sie muss zu einem kommen.

Wenn es um das Thema Liebe geht, sind meiner Beobachtung nach zwei Meinungen vorherrschend. Die eine besagt: »Entweder ich verliebe mich in jemanden oder eben nicht, daran kann ich nichts ändern, so gerne ich es manchmal täte.« Die andere besagt: »Das stimmt nicht, Liebe ist nichts, was einen überfällt. Sie ist vielmehr eine Kraft der Seele, welche man entwickeln muss, um liebesfähig zu sein.« Beides stimmt. Doch wenn man genauer hinschaut, stellt man fest, dass die Liebe in beiden Fällen zu einem kommt. Die Kraft der Seele ist nämlich nicht die Liebe, sondern das Bewusstsein, das man entwickelt hat. Dieses Bewusstsein vergrößert das Tor, durch das die Liebe – stets als Geschenk an uns – eintreten kann. Als ich die Verknüpfung zwischen spiritueller Entwicklung, der Fähigkeit zu lieben und der Fähigkeit, sein Ego zu überwinden, näher betrachtete, fiel mir als Erstes auf: Je weiter das Objekt der Liebe von einem selbst und von den eigenen Interessen entfernt ist, desto seltener ist die Liebe.

Die Selbstliebe

Liebe hat verschiedene Gesichter. Da ist zunächst die Liebe zu sich selbst, als Bedingung für jede andere Form der Liebe. Jeder Mensch ist fähig, sich selbst zu lieben. Der eine mehr, der andere weniger, abhängig vom jeweiligen Selbstbild. Die Selbstliebe ist absolut fundamental und in jedem Menschen vorhanden. Wer sich selbst liebt, ist sich zunächst einmal selbst der Nächste. Das heißt, er beschützt sein körperliches wie seelisches Wohlbefinden und verteidigt seine Ansprüche gegenüber anderen. Diese Liebe gibt einem sehr viel. Wer sich nicht liebt, fühlt sich im Grunde ständig unwohl oder wertlos. Wer hingegen stolz auf seine Fähigkeiten, sein Wissen oder auf sein Äußeres ist, hat es leichter, sich zu lieben.

Die Mutterliebe

Es gibt Formen der Liebe, die ohne eigenes Zutun entstehen. Zu diesen Formen gehört etwa die Liebe einer Mutter zu ihrem Kind, die biologisch determiniert und nicht nur bei den Menschen, sondern als Fürsorge auch im Tierreich zu finden ist. Wie eine Menschenmutter beschützt, versorgt, wärmt und umhegt auch eine Bärenmutter ihre Jungen. Jede Mutter liebt ihr Kind. Fast möchte ich sagen, sie hat kaum eine andere Wahl. Die Liebe beginnt oftmals schon mit dem Wissen um die Schwangerschaft und hält meistens ein ganzes Leben an. Obwohl der Lebensumstand, der durch das Kind entsteht, einen sehr fordert, gibt er einem mindestens genauso viel. Ich denke hierbei an Lebenssinn oder an die Liebe des Kindes, das einem seine Liebe tausendfach zurückgibt. Auch hier ist meiner Ansicht nach der Stolz im Spiel, wenn auch stärker bei der väterlichen als bei der mütterlichen Liebe. Wenn ein Vater auf sein Kind stolz sein kann, ist das keine schlechte Vorbedingung für seine Liebe. Bei einer Mutter ist meiner Meinung nach jedoch die Toleranz gegen Schwächen und die Fähigkeit, »dennoch« zu lieben, meist stärker ausgeprägt.

Romantische Liebe

Eine andere Form der Liebe ist Verliebtheit, die als Anfangssta-
dium einer romantischen Liebe zwischen zwei Menschen auftritt.
Diese aufkeimende Liebe ist in ihrem Ursprung ebenfalls passiv.
In der Psychologie hat Dorothy Tennov den Begriff »Limerenz«
für die romantische Liebe und das Sich-Verlieben geprägt. Die
romantische Liebe ist weit verbreitet, und nahezu jeder Mensch
verliebt sich irgendwann einmal. Die Beziehung, die man mit
dem Objekt der Verliebtheit anstrebt, kann einem unglaublich
viel geben: Geborgenheit, Vertrauen, Nähe, Sexualität – alles
Faktoren, die zweifelsohne sehr wichtig für das Wohlbefinden eines Menschen sind. Ohne emotionale Nähe erscheint das Leben
kalt und trostlos. Wer sich verliebt, bekommt ebenfalls sehr viel
zurück. Verliebte haben das Gefühl, dass sie durch alles, was mit
dieser Liebe zusammenhängt, Glück empfinden und nur dazuge-
winnen können. Wenn ich liebe, macht mich das glücklich. Wenn
ich geliebt werde, ebenso. Wenn die geliebte Person mir etwas
Gutes tut, fühle ich Glück genauso wie im ungekehrten Fall. Man
könnte auch sagen: Win-Win-Situationen in der romantischen
Liebe, egal, wohin man blickt. Auch in einer romantischen Liebe können sehr oft besitzartige Gefühle des Stolzes entstehen.
Manch ein Mann kommt sich vielleicht neben einer attraktiven
Partnerin, die von allen anderen Männern begehrt wird, als Ge-
winner vor, der von anderen um die Frau beneidet wird.

Selbstliebe, Mutterliebe und romantische Liebe sind überall
anzutreffen. Ohne sie wäre unser Leben letztlich nicht denkbar.
Ich kann den Kreis aber noch erweitern. Ich liebe mich, meine
Frau, meine Kinder, meine Familie im Allgemeinen. Für sie würde ich alles tun. Ich liebe außerdem meine Freunde und stehe ihnen bei, wo ich nur kann. Ich mag die Leute aus meinem Fuß-
ballverein, und wenn man mich mal um einen Gefallen bittet,
sage ich bestimmt nicht nein. Ich fühle mich mit den Leuten in
meinem Ort verbunden und kämpfe mit ihnen gemeinsam dafür,
dass die geplante Umgehungsstraße am Nachbarort entlangführt

und nicht an unserem. Ich empfinde Solidarität mit den Menschen meines Landes und bin froh, dass es meinem Land wirt-
schaftlich gut geht. Wenn ein anderes Land versucht, seine wirt-
schaftliche Macht für den Wohlstand seiner Bürger auszuspielen,
dann bin ich froh, wenn mein Land sich behaupten kann. Selbstverständlich muss man der so genannten Dritten Welt helfen,
aber die Politik ist das geeignete Mittel hierfür. Außerdem muss
sie uns vor drohender Armut bewahren und verhindern, dass unsere teuer bezahlten Arbeitsplätze ins günstigere Ausland verlagert werden. An dieser Gedankenkette wird deutlich, dass mein
Interesse an jemanden oder etwas desto kleiner wird, je weiter
ich mich von den Auswirkungen auf meine eigene Person entferne. Wir nehmen die Fakten durchaus noch wahr, aber sie werfen
uns nicht aus der Bahn. Ein Zugunglück, über das im Fernsehen
berichtet wird, finden wir zwar vermutlich schrecklich, denken
aber möglicherweise gleichzeitig, dass man nicht jedes Mal in
Tränen ausbrechen und trauern kann, wenn so etwas passiert.
Wenn wir erfahren, dass es vielen Menschen der so genannten
Dritten Welt schon seit Langem sehr schlecht geht und dass daran anscheinend nichts zu ändern ist, nehmen wir das so hin und
sind froh, dass wir in Deutschland und nicht in Ruanda leben.

Fakt ist, dass es globale Ungerechtigkeiten gibt. Während der
eine darüber nachdenkt, ob er sich lieber das neue Cabrio oder
doch den Traumurlaub leisten soll, verhungern ein paar hundert
Kilometer weiter südlich Menschen. Ich frage mich, warum sehr
viele Menschen bei dem Spiel mitmachen und sich nicht wirklich
und aktiv gegen die globalen Ungerechtigkeiten wehren. Was
zwingt uns dazu, dass wir uns letztendlich doch nur um uns
selbst und ein paar wenige »Auserwählte« kümmern? Anders gefragt: »Wie entstehen die Bedingungen für unser Interesse und
unsere Liebe?« Es scheint eine Art der Liebe zu geben, die wir
brauchen, weil sie uns mehr gibt, als wir an Energie investieren.
Diese Form der Liebe ist stark mit unserem Ego und den damit
verbundenen Interessen verknüpft. Auch wenn man etwa in der
romantischen Liebe sich aufopfert und sich selbst dabei zu ver-

gessen scheint, verhält es sich in meinen Augen eigentlich anders. Ich denke, dass der Zustand der scheinbaren Selbstvergessenheit uns immer noch lieber ist, als der Verlust des Liebesobjektes. Deshalb nehmen wir alles in Kauf. Wenn die Liebe uns nicht mehr gibt, als wir investieren, sie diese Bedingung also nicht mehr erfüllt, fühlen wir uns leer und verlieren unsere Gefühle für das Liebesobjekt. Genauso, wie man für das Erscheinen der romantischen Liebe nicht verantwortlich war, kann man nichts dagegen tun, dass sie wieder geht. Diese Liebe kann in Analogie zu den Betrachtungen über das Denken wie erwähnt »passive Liebe« genannt werden. Bei ihr ist ebenfalls stets die Komponente des Stolzes vorhanden, die mit einem Gefühl des »Besitzens« des Liebesobjektes einhergeht.

Aktive Liebe im Gegensatz zu passiver Liebe

Bleibt die Frage nach der »aktiven Liebe«. Was ist das Wesen einer Liebe, die sich auf Objekte richtet, die einem nichts zurückgeben? Einer Liebe, die durch die Kraft unserer Seele in Erscheinung tritt und nicht als mehr oder weniger unkontrollierbare und flüchtige Gefühlswallung. Einer Liebe, die die Grenzen des egoistischen Interesses am Liebesobjekt überwunden hat. Was passiert, wenn man keine Möglichkeit mehr hat, Stolz in Bezug auf das Liebesobjekt zu empfinden? Ken Wilber beschreibt in seinem Buch »Integrale Psychologie« die Liebe als Selbsttranszendenz, die dem Entwicklungsstand entsprechend an mehreren Drehpunkten der menschlichen Entwicklung auftritt. Dementsprechend durchlaufen die Objekte der Liebe folgende sechs Stadien:
1. Ich (egozentrisch)
2. Wir (soziozentrisch)
3. Wir alle (weltzentrisch)
4. Alle irdischen Lebewesen (schamanisch)
5. Alle Lebewesen (bodhisattvisch)
6. Alles Manifeste und Nicht-Manifeste (buddhisch)

Wie man sieht, erweitert sich der Kreis der in die Liebe einge-
schlossenen Personen und Dinge mit jedem Stadium. Während
man im ersten Stadium mit sich selbst beschäftigt ist und das
Interesse und die Liebe auf die eigene Person beschränkt bleiben,
ist im zweiten Stadium zumindest schon ein Interesse (und eine
Liebe) für etwas da, was man dem Begriff »wir« zuordnen kann.
Das kann sowohl eine eng gefasste Liebe sein, die nicht über die
eigene Familie hinausreicht, als auch eine Liebe, die einen größeren Kreis, etwa wie beim Patriotismus alle Menschen gleicher
Nationalität, mit einschließt. Noch größer wird der Kreis im dritten Stadium, in dem sich ein Mensch in seinem Denken und Handeln allen Menschen auf diesem Planeten verpflichtet fühlt und
keine Landesgrenzen oder andere Volkszugehörigkeiten mehr als
Argument benutzen oder akzeptieren könnte, um Menschen zu
benachteiligen oder zu verfolgen. Im vierten Stadium weitet sich
der Kreis der Liebe schließlich auf alle Lebewesen aus. Damit
wird zugleich jede Ausrichtung auf ein anthropozentrisches Weltbild, in dem es in Ordnung ist, sich die Welt untertan zu machen,
beendet. Im fünften Stadium gibt es keine Unterscheidung mehr
zwischen liebenswert und nicht liebenswert. Im sechsten Stadium
ist man im Bereich der Nicht-Dualität angekommen, in dem es
keinen Liebenden und kein Objekt der Liebe mehr gibt. Alles ist
eins geworden.

Je weiter ich von Stadium 1 zu Stadium 6 fortschreite, desto
mehr bewege ich mich weg von der passiven hin zur aktiven
Liebe. Im Gegensatz zur passiven Liebe ist sie unbedingt, was ein
wesentlicher Unterschied ist. Denn er bedeutet, dass der »Lohn«
einer solchen Liebe zunehmend weniger aus dem Objekt selbst
kommt. Vielmehr kommt er aus meiner (transpersonalen) Identifikation mit ihm. Ich muss nichts davon haben, wenn ich jemandem helfe oder mich liebevoll für eine Sache aufopfere. Unabhängig davon, ob meine Hilfe erkannt, anerkannt oder wertgeschätzt
wird, werde ich in meiner Liebe durch das Gefühl und durch das
Bewusstsein angetrieben, dass alles eins ist. Dieses Bewusstsein
wiederum impliziert meine Hinwendung und die Verbundenheit

mit den Menschen, Tieren, Pflanzen, den Geschöpfen im Allgemeinen. Das Leid eines anderen ist dann mein Leid, seine Ver-
zweiflung und Hoffnungslosigkeit werden zu der meinen. In
einer vollendeten aktiven Liebe gibt es kein romantisches »Ich
liebe dich« mehr. Denn das bedeutet im Grunde zugleich »Ich liebe dich mehr als die anderen« oder im schlimmsten Fall »Ich liebe nur dich und außerdem noch mich, aber der Rest interessiert
mich nicht«. Man verbündet sich gemeinsam gegen die kalte
Welt und schafft sich ein Nest, das verteidigt wird.

Meister Eckhart würde sagen, dass die vollendete aktive Liebe nicht mehr eine Liebe »zu«, sondern eine Liebe »aus« ist. Im
Gegensatz zu der von der Natur determinierten Liebe und der romantischen Liebe – die beide selbstredend schon das Element der
Selbsttranszendenz in sich tragen, da man bereits auf dieser Ebene andere in seine Liebe mit einbezieht – ist diese aktive, unbe-
dingte Liebe noch vielmehr Ausdruck dieser Selbsttranszendenz.
Willigis Jäger schreibt hierzu: »Eine wirkliche, mystische Erfahrung ist diese Erfahrung der Einheit, der Non-Dualität. Sie ist
kein Gefühl, sondern eine tiefe Erfahrung der Verbundenheit aller Wesen. Sie kommt aus dem, was die Religionen den Urgrund
allen Seins nennen: Gottheit (Eckhart), Grund (Tauler), Nada-
Nichts (Johannes v. Kreuz), Leerheit (Zen). Dieser Urgrund hat
noch keine Form. Er ist wie der Ozean, der noch keine Wellen
schlägt, aber alle Wellen verbindet, wenn sie entstehen. Nur
Selbsttranszendenz, der wir den Namen Liebe gegeben haben,
hilft uns, die Einheit zu spüren und die Egozentrik zu überschreiten. Es ist eine existenzielle Einheitserfahrung mit dem Kosmos,
dem Seinsgrund des Lebens.« (Willigis Jäger, Rundbrief 3/2006,
Liebe – der Urgrund allen Seins)

Das Leid als treibende Kraft

Es gibt zusammenfassend zwei Richtungen, in die ein Mensch, der sein Bewusstsein erweitern möchte, gehen muss. Die eine Richtung ist der innere Weg der Wahrhaftigkeit. Er hat mit dem unergründlichen und für unser Bewusstsein oft widersprüchlichen Gott zu tun, dessen »Wille« wirklich unergründlich ist, weil er nicht den Regeln und Gesetzmäßigkeiten der dualistischen Bewusstseinssphäre unterliegt. Mit diesem Gott, der wir zutiefst sind, eins zu werden ist ein Unternehmen von größter Magie und gleichzeitig größter Normalität. Wer jenseits der Gegensätze der polaren Welt angekommen ist, wird in den Augen der Menschen immer noch der Gleiche sein. Die anderen werden keinen Unterschied bemerken, aber in seinen Augen hat sich die Welt komplett verändert, und das Eine, das nie in Erscheinung tritt, wird plötzlich sichtbar.

Leid ist die Motivation und zugleich der größte Helfer für alle, die sich auf den Weg machen, ihre Ich-Identifikation vom »normalen« zum transpersonalen Zustand zu verändern. Ohne Leid würde sich meiner Beobachtung nach nicht ein Einziger von uns aufmachen. Wir würden alle in der bequemen und gewohnten Hülle unseres Alltagsbewusstseins und der Egozentrik verharren. Erst das Leid, mit dem wir im Leben konfrontiert werden, erst die Gnadenlosigkeit des Lebens mit dem sicheren Tod am Ende lässt viele innehalten in den Umtrieben des Alltags und den Blick auf fernere Horizonte richten. Deshalb sollten wir für das Leid in unserem Leben dankbar sein. Es ist ein Teil der Kräfte, die uns zurück zu Gott bringen. Das Leid ist sozusagen der göttliche Drill-Sergeant, der hinter uns herrennt und uns antreibt, damit wir uns nicht ewig in der wunderschönen Illusion der begrenzten und egozentrischen Bewusstseinssphäre der menschlichen Erfahrungswelt wiegen. Paramahansa Yogananda schreibt in seinem Buch »Die ewige Suche des Menschen«, die Schöpfung sei so gemacht, dass sie uns am Ende immer enttäuscht. Das ist zuerst schmerzhaft. Aber das Ende der Täuschung ist etwa als Erreichen des Transpersonalen auch ein Rückgewinnen des ganzen Kosmos und ein Erkennen unseres wahren Wesens, eines göttlichen Wesens in völliger Freiheit und Wahrhaftigkeit. In diesem Bewusstsein wird alles zu einem Werkzeug der Erlösung und alles zu einem Zeichen göttlicher Gnade. Willigis Jäger wurde einmal in Bezug auf das göttliche Wirken gefragt: »Was ist Gnade?« Alles, was er darauf antwortete, war: »Was ist nicht Gnade?«

Wie beschrieben, hilft Gott uns nicht in der Form, in der wir es uns im Leben wünschen und es vielleicht in Gebeten erbitten. Wir leben in einer Welt, die ebenso von Shiva geformt wird wie von Brahma und Vishnu. Diese Tatsache widerspricht den grundlegenden Bedürfnissen des Menschen nach Sicherheit und Vertrauen in eine Welt, die wir gerne in irgendeiner Form kontrollieren würden. Dieses Bedürfnis wird jedoch nicht befriedigt werden, weil der Wunsch nach Sicherheit gleichbedeutend mit dem Wunsch nach Stillstand ist. Das Leben äußert sich aber ständig in Bewegung. Die meisten Menschen wollen möglichst lange und gesund leben. Sie haben Angst vor dem Tod und würden am liebsten niemals sterben. Dabei übersehen sie jedoch, dass unsere Welt ein viel größeres Problem hätte, wenn ihnen der Wunsch nach einem ewigen Leben erfüllt würde. Wenn alle Lebewesen unsterblich wären und alle – vom kleinsten Einzeller bis zu den Menschen –, die jemals das Licht dieser Welt erblickt haben, sich noch immer auf diesem Planeten tummelten, würde er schlichtweg aus allen Nähten platzen. Wenn man diese Gedanken weiterspinnt, entpuppt sich das ewige körperliche Leben eher als Horrorszenario denn als Segen. Nicht endloses Leben in unserem Körper, sondern ewiges Leben unseres wahren Wesens scheint die Antwort auf unsere Angst vor dem Tod zu sein. Zu erkennen, wer wir im Innersten sind und dass dies sich nie verändert und unberührt bleibt, und somit die Angst vor der Veränderung in all ihren Konsequenzen zu verlieren ist der innere Weg der Wahrhaftigkeit. Oder wie Ken Wilber es ausdrückte, das Aufwachen aus dem Traum.

In dem Traumbeispiel offerierte Wilber jedoch neben dem Aufwachen auch die Alternative des Fütterns der hungernden Menschen. Die zweite Richtung, die Menschen bei ihrer spirituellen Entwicklung gehen müssen, ist deshalb der äußere Weg der Liebe. Es reicht nicht, wie in dem von Wilber beschriebenen Traum, aufzuwachen, und alle um einen herum hungern immer noch. Dies wäre buddhistisch gesprochen der Weg des Hinayana (kleines Fahrzeug) im Gegensatz zum Mahayana (großes Fahrzeug). In der tibetischen Tradition bezeichnen beide Begriffe die persönliche Motivation für die Erleuchtungsbemühung: Einmal will man für sich persönlich (Hinayana) und einmal zum Wohle aller Wesen (Mahayana) die Erleuchtung erlangen. Als erstrebenswert gilt im tibetischen Buddhismus die Haltung des Mahayana. Hinayana bleibt somit ein theoretisches Konstrukt, in dem die meisten Übenden praktisch gesprochen feststecken. Denn sie sind noch nicht rein altruistisch, während sie sich dessen aber bewusst sind und nach der Vervollkommnung der Bodhichitta, des »Herzens unseres erleuchteten Geistes« streben, um so tatsächlich eine mahayanistische Haltung einzunehmen. Ohne den äußeren Weg der Liebe erblickt man das Antlitz Gottes ebenso wenig wie ohne Wahrhaftigkeit und das Aufwachen aus dem Traum. Erst wenn sich Wahrhaftigkeit und Liebe begegnen, ist der Kreis geschlossen. Tritt dieser Fall ein, stehen unsere Bemühungen auf sicheren Beinen, die unter Belastung nicht wegknicken.

Das Klartraum-Bewusstsein

Der Klartraum

Ken Wilber nutzt ein Traumbeispiel, um das Leben mit all seinen Vorstellungswelten und Bedingungen zu beschreiben. Ich möchte »unsere Träume« aufgreifen, um die Frage nach dem Grad der Bewusstheit in unserem Alltagsbewusstsein nochmals aus einer anderen Perspektive zu beleuchten. In seinem Buch »Schöpferisch träumen« stellt Paul Tholey, ein deutscher Psychologieprofessor, eine Methode vor, mit der man sich während eines Traumes vollkommen darüber bewusst wird, dass man träumt. Mit einiger Übung kann man lernen, nicht vorzeitig aufzuwachen, sondern den Traum zu lenken und sich darin frei zu bewegen. Ein vollendeter Klarträumer, auch luzider Träumer genannt, ist im Traum nahezu ebenso bewusst wie im Wachzustand. Er kann zum Beispiel entscheiden, gewisse Personen im Traum zu treffen, die dann tatsächlich die Traumszenerie betreten. Er kann darüber hinaus seine Träume bewusst dazu nutzen, in ihnen Situationen herbeizuführen, die ihm die Möglichkeit bieten, emotionale Schranken zu überwinden oder bestimmte Fähigkeiten zu vertiefen. Er kann sich im Traum etwa bewusst Ängsten stellen und diese durch einen erfolgreichen Umgang mit Angst auslösenden Situationen abbauen oder auflösen. Er kann jedoch genauso gut im Traum jeden nur erdenklichen Spaß haben, den man sich erträumen kann.

Die Technik des Klarträumens ist schon seit knapp 150 Jahren bekannt. Der Marquis d'Hervey de Saint-Denys, der 1867 die erste seriöse Arbeit über Träume und das Kontrollieren der Träume veröffentlichte, beschrieb sie als Erster. Psychologen zweifelten jedoch lange Zeit an, dass es sich bei Klarträumen wirklich um Träume handle. Oftmals wurde den Klartraumerlebnissen ihre Gültigkeit und Bedeutung abgesprochen mit dem Argument, dass es sich dabei wahrscheinlich eher um eine Art Mikro-Erwachen handle, das vom Träumenden später fälschlicherweise als Klartraum interpretiert werde. Es sollte noch mehrere Jahrzehnte dauern, bis sich die Klartraum-Forschung vom Ruf des Unwissenschaftlichen befreit hatte. Obwohl sich jeder wichtige Psychologe Ende des 19. Anfang des 20. Jahrhunderts einschließlich Sigmund Freuds mit dem Thema auseinandersetzte, mangelte es ihnen meines Wissens an eigenen Erfahrungen und somit an einem wirklichen Zugang zu der Materie. Außerdem fehlten ihnen noch die technischen Möglichkeiten für eine wissenschaftliche Auseinandersetzung mit dem Thema. Erst als Hirnströme mittels eines EEGs (Elektroenzephalogramm) und Augenbewegungen mittels eines EOGs (Elektrookulogramm) messbar wurden, konnte die Existenz von luziden Träumen auch wissenschaftlich nachgewiesen werden. Klarträumer waren in Schlaflabors in der Lage, ihre REM-Phase zu beeinflussen und ihre Augenbewegungen, wie zuvor mit dem sie beobachtenden wissenschaftlichen Team vereinbart, zu kontrollieren. Alle Geräte, an denen die schlafenden und träumenden Testpersonen angeschlossen waren, zeigten an, dass die Probanden schliefen. Dennoch waren sie in der Lage, völlig bewusst die vor dem Schlaf verabredeten Bewegungen auszuführen und damit den luziden Zustand im Traum zu signalisieren.

Das Erstaunliche beim Klarträumen ist in meinen Augen, dass die Traumrealität für den Träumenden von dem Moment an, in dem er luzid wird, eine Deutlichkeit und Echtheit entwickelt, die durchaus mit der der realen Welt vergleichbar ist. Als ich selbst anfing, die Methode an mir zu üben, stellte ich bei meinen ersten Klartraum-Erlebnissen schnell fest, dass es sich wahrlich um einen Königsweg ins Unterbewusste handelt. Denn er erschließt eine ungeahnte Möglichkeit der Selbsterforschung oder der Psycho-Hygiene. Durch die Methoden, mit denen man das Klarträumen übt, lernt man, im Traum zu erkennen, dass es sich nur um einen Traum handeln kann. Die kritische Haltung gegenüber der scheinbaren Echtheit des Traumgeschehens übt man indes während des Tages, im ganz normalen Wachzustand. Im Traum bin ich mir oftmals sicher, dass all dies, was ich erlebe, real ist, so lange, bis ich aufwache und denke: »Es war nur ein Traum.« Im Wachzustand bin ich mir ebenfalls sicher, dass mein Erleben real ist und ich nicht träume. An diesem Punkt setzt die eigentliche Übung an. Sie besteht darin, sich im Wachzustand zu fragen, ob man träumt oder wach ist.

Die Frage »Träum' ich oder wach' ich?« kommt einem anfangs zwar ziemlich absurd vor, da man ja ganz genau weiß, dass man wach ist. Dennoch sollte man ernsthaft daran zweifeln und prüfen, ob es sich nicht vielleicht doch um einen Traum handelt. Es gibt verschiedene Kriterien, anhand deren man Träume vom Wachzustand unterscheiden kann. Paul Tholey nennt sieben:

1. Der Träumer ist sich darüber im Klaren, dass er träumt.
2. Der Träumer ist sich über seine Entscheidungsfreiheit im Klaren.
3. Das Bewusstsein ist klar, es gibt keine traumtypische Verwirrung oder Bewusstseinstrübung.
4. Die Wahrnehmung der fünf Sinne ist wie im Wachzustand.
5. Es besteht Klarheit über das Wachleben, also darüber, wer man ist oder was man sich für den Klartraum vorgenommen hat.
6. Nach dem Traum gibt es eine klare Erinnerung.
7. Der Träumer ist sich über den Sinn des Traums im Klaren.

In meinen Augen sind folgende drei Merkmale wesentlich:
1. In Träumen gibt es kein Vorher und kein Nachher. Das bedeutet, dass ich im Traum nicht weiß, was ich gestern getan habe. Ich habe auch keine Pläne für die nächste Woche. Im Traum bin ich in der Gegenwart gefangen. Folglich bin ich wach, wenn ich meine Vergangenheit und meine Zukunft bedenken kann.

2. In Träumen gib es meist einen tunnelartigen Blick auf die Welt, der es mir nicht erlaubt, Tatsachen jenseits des Traumgeschehens wahrzunehmen. Ich kann mich nicht umsehen und Details entdecken, die für die augenblickliche »Handlung« meines Traumes irrelevant sind. Im Wachzustand ist dies jederzeit möglich.

3. Im Traum passieren oftmals absurde Dinge, die im realen Leben nie passieren könnten. Wenn ich in meinem Erlebnis plötzlich fliege (ohne Flugzeug natürlich), wenn mir Verstorbene begegnen oder Urzeitwesen oder wenn ich plötzlich in einem fernen Land lebe und dort ein ganz anderes Leben führe als in der Realität, dann sollte mir eigentlich ein Licht aufgehen.

Es gibt zahlreiche Dinge, von denen wir sagen können, dass es einfach nicht sein kann und es sich um einen Traum handeln muss. Wer dachte nach dem Aufwachen nicht schon einmal: »Das war so irreal! Warum wurde mir das nicht bereits in meinem Traum klar, das ich träume?« Wenn dies auftritt, gilt es, die kritische Haltung weiterhin im Alltag zu üben. Entscheidend für den Erfolg Ihrer Bemühungen, das Klartraumbewusstsein zu schulen, ist aus meiner Sicht Folgendes. Lernen Sie, sich die Frage, ob Sie gerade träumen oder wach sind, in Situationen zu stellen, in denen gerade etwas passiert. Etwa wenn Besuch vor der Tür steht und Sie begrüßt oder wenn Sie jemanden treffen und sich mit ihm unterhalten. Sie können sich die Frage auch stellen, wenn etwas Außergewöhnliches passiert, das Ihre Aufmerksamkeit fesselt, oder wenn Sie etwas tun, das Sie beschäftigt. Es geht folglich nicht darum, sich ab und an, wenn Ihnen gerade langweilig oder sonst nichts zu tun ist, hinzusetzen und sich zu fragen, ob Sie träumen oder wach sind. Wichtig ist es, sich dies zu fragen, wenn gerade etwas passiert. Ich habe beim Üben festgestellt, dass es unglaublich schwierig ist, sich in Alltagssituationen, in denen man in irgendeiner Weise gefordert ist, auf diese einfache Frage zu besinnen. Besonders in emotional aufgeladenen Situationen, in denen die Frage »Wach' ich oder träum ich'?« meiner Ansicht nach sehr effektvoll platziert wäre, kam sie mir in der Regel nicht in den Sinn. Sondern erst hinterher, wenn mir klar wurde, dass ich gerade eine Gelegenheit verpasst hatte, mir diese Frage zu stellen. Das gleiche Gefühl hat man meiner Erfahrung nach übrigens, wenn man aus einem Traum erwacht und denkt: »Ich habe ihn nicht als Traum erkannt.«

Unser Grad an Bewusstheit im Wachzustand ist oftmals nicht ausreichend, um diese neue und ungewohnte Verhaltensweise der Realitätsüberprüfung umzusetzen. Wir verhalten uns im Wachzustand ähnlich wie im Traum: Wir verpassen die geeigneten Gelegenheiten. Dies ist in meinen Augen eine deutliche Parallele zum passiven Denken, in dem wir im Wachzustand sichtbar gefangen sind. Wir bemerken dadurch, dass wir uns nicht auf die Frage »Träum' ich oder wach' ich?« besinnen können, wie stark wir im Strom unserer alltäglichen Gedanken- und Emotionsmechanismen gefangen sind und wie schwer es uns fällt, aktiv zu werden. Nach längerem Üben kommt jedoch irgendwann der Tag, an dem man automatisch in außergewöhnlichen Situationen kritisch wird und sich die Frage stellt. Von diesem Punkt aus ist es schließlich kein großer Schritt mehr, im Traum dieselbe kritische Haltung einzunehmen und sich darüber klar zu werden, dass man träumt. Letztlich verbindet man mit dieser Übung die Nacht- mit der Tagseite des Bewusstseins. Wer übt, der wird erfahren, was es bedeutet, das (nächtliche im Traum wirkende) Unterbewusstsein mit Bewusstsein zu erhellen und umgekehrt das Wirken des Unterbewusstseins im alltäglichen Bewusstsein zu bemerken.

Spiritualität und Altern

Das Licht

Menschen, die sich frühzeitig auf den spirituellen Weg begeben, haben im Alter diverse Möglichkeiten und spirituelle Dimensionen, die sie sich erschließen können. Wenn ich mich umhöre und umsehe in unserer Gesellschaft, dann fällt mir allerdings auf, dass das Altwerden und das Altsein üblicherweise meist negativ belegt sind. Alter bedeutet gemeinhin Verlust von Lebensenergie, das Zunehmen körperlicher Beschwerden, nachlassende Leistungsfähigkeit und damit verbundene Abstriche im Berufsleben. Es bedeutet ferner den Verlust sozialer Bindungen durch eingeschränkte Mobilität und ein schleichendes Verschwinden aus dem gesellschaftlichen Fokus, der in unserer Gesellschaft deutlich auf der Jugend und den »besten« Jahren liegt. Wenn man in die Werbelandschaft blickt, sieht man genau, welche Fixierung im Allgemeinen vorherrscht. Im selben Moment kann man jedoch auch erblicken, welche Schatten dies psychologisch betrachtet wirft.

Die Menschen, die die Ideale unserer Gesellschaft repräsentieren und die deshalb häufig in den medialen Projektionsflächen unserer Wunschvorstellungen wie Spielfilmen oder der Werbung die tragenden Rollen spielen, sind oftmals junge Menschen oder Menschen in den »besten Jahren«, die kerngesund, attraktiv, »cool« und unbegrenzt leistungsfähig sind. Sie sind gleichsam von Natur aus die lächelnden Sieger in einer Welt, die sich der ewigen Jugend verschrieben hat und die mit dem Alter und dem Lösen von dieser Welt häufig nichts anzufangen weiß. Viele Menschen scheinen kein Rezept zu besitzen, wie sie der Tatsache des Alterns begegnen können. Sie scheinen zudem nicht zu wissen, in welcher Art und Weise ihnen ihr fortgeschrittenes Alter neue Horizonte eröffnen kann – die einem jungen Menschen lange verborgen bleiben müssen. Man muss hier eines beachten: Der Weg, den ein Mensch in seinem Leben verfolgt, prägt sich immer tiefer in sein Wesen ein und erschafft die Bedingungen und Grundlagen, aus denen er für die Zukunft schöpfen kann. Menschen, die sich ihr Leben lang nicht um Geistiges bemühten und es mehr oder weniger abgestumpft in Alltäglichkeiten verbracht haben, haben meiner Ansicht nach im Alter kaum eine Chance, die sich voneinander lösenden Kräfte von Körper und Geist zu nutzen. Immer mehr Türen sind im Laufe ihres Lebens hinter ihnen zugefallen, die sie nun rückwirkend nicht mehr öffnen können. Ein Narr wird im Alter immer närrischer, ein Desinteressierter immer desinteressierter, ein komischer Kauz immer kauziger. Wer sein Leben lang in den Spiralen des passiven Denkens gefangen und nicht in der Lage war, sich von außen zu betrachten und den sich immer tiefer einprägenden Zügen seines Charakters und seiner Denkweisen heilend oder steuernd entgegenzuwirken, der wird spätestens im Alter irgendwann völlig den Kräften dieser eingeübten Denk- und Verhaltensweisen erliegen.

Altern kann aber auch ganz anders verlaufen. Am deutlichsten wird die Qualität einer in den Jahren gewachsenen Reife und Weisheit in spirituellen Bereichen. Menschen, die sich frühzeitig in einer Technik zur Befreiung des Geistes zu üben begannen und die es deshalb gewohnt sind, ihr Bewusstsein klar zu halten und die Sichtweise ihrer kleinen persönlichen Welt zu relativieren, werden im Alter immer leichter, lichtvoller und klarer. All das, was an unnötigen und behindernden Denkweisen im Lauf ihres Lebens von ihnen abgefallen ist, lässt sie irgendwann in einer Art und Weise frei werden, die die letzte Lebensphase in einem ganz anderen Licht erscheinen lässt. Nur ein Mensch, der sich während seines Lebens einer geistigen Dimension seines Daseins bewusst war und spirituelle Wege beschritt, kann die ganz eigenen und dem flüchtigen Blick verborgenen Qualitäten dieser abschließenden Lebensphase voll ausnutzen. Während die kraft-

strotzenden und vom Lebenssaft voll und ganz durchdrungenen
Jahre der Jugend in der Regel von jedem ausgekostet werden
können, sind die dem Geist zugewandten letzten Jahre des Lebens viel schwerer in ihrem Gehalt zu erfassen. Man könnte auch
sagen, dass für die einen, die sich auf das Sichtbare (siehe Kontemplation) konzentrieren, im Alter alles abnimmt, während für
die, die es gewohnt sind, ihren Blick auf das Geistige, nicht Sichtbare zu richten, alles zunimmt. Die körperlichen Kräfte werden
im Alter zwar immer schwächer. Im Bereich des Geistigen hingegen nimmt unsere Möglichkeit zu erleben – wenn wir uns frühzeitig auf einen spirituellen Weg begeben haben – im Alter, befreit
von der Ungestümheit und den Leidenschaften der Jugend, immer mehr zu. Das Loslösen vom Körperlichen öffnet, wenn man
es von dieser Warte aus betrachtet, Tore, die man als junger
Mensch meiner Ansicht nach niemals durchschreiten könnte.
Vorausgesetzt, man hat sich in der Vergangenheit um neue und
nicht vom Ego definierte Perspektiven auf das menschliche Leben
und die eigene Existenz bemüht.

Wenn sich im Lauf eines Lebens die meisten Identifikationen
mit dem Persönlichen aufgelöst haben und ein übergeordneter
Standpunkt zur eigenen Existenz eingenommen werden konnte,
gestaltet sich der Prozess des Alterns ebenso wie der des Sterbens
in völlig anderer Art und Weise. Jeder, der Menschen in ihrer
letzten Lebensphase erlebt hat, kennt vermutlich den Unterschied
zwischen einem Menschen, der sich verbissen an das Leben klammert, und einem, der voller Vertrauen loslassen kann. Die unter-
schiedlichen Haltungen können allerdings wiederum mehrere Ur-
sachen haben. Ein Mensch, der leicht loslassen kann, ist unter
Umständen gläubig. Vielleicht glaubt er an ein Weiterleben nach
dem Tod, sei es durch Wiedergeburt oder durch eine Heimkehr in
das Paradies oder an einen anderen Ort, den ihm seine Religion
anbietet. Vielleicht hat er auch auf Grund gewisser Erlebnisse ein
Urvertrauen entwickelt, das sein Vertrauen in die Richtigkeit
all dessen, was passiert, gestärkt hat. In meinen Augen tragen
Glaube oder Urvertrauen jedoch immer noch Züge von positiver

Selbstsuggestion. Wenn ich mich jedoch schon zu Lebzeiten als das erfahre, was jenseits meines individuellen Horizonts und meiner Definition als Person liegt, dann stehen meine Verhaftung an mein persönliches Schicksal und die Frage nach meinem persönlichen Verbleib nach meinem Tod in einem ganz anderen Licht da. Eine der wichtigsten Erkenntnisse, die aus der Erfahrung transpersonaler Zustände erwachsen, ist die, dass wir Menschen im Kern keine Individuen sind. Es mögen sich Schichten persönlicher Erfahrungen, Erinnerungen und Ansichten wie Zwiebelschalen um diesen Kern gelegt haben, die uns vorgaukeln, dass dies unser innerstes Wesen sei. In Wahrheit sieht es aber ganz anders aus. Unter der dünnen Schicht unseres Alltagsbewusstseins und unserer Persönlichkeit gelangen wir sofort in einen Bereich, der frei ist von persönlicher Färbung und dennoch als Kern unseres Bewusstseins vorhanden ist, wenn wir das Persönliche längst hinter uns gelassen haben.

Für mich stellt sich in diesem Zusammenhang auch die Frage nach einer Wiedergeburt in ganz anderer Weise. Wenn mein Innerstes nicht persönlich, sondern transzendent ist, wer möchte dann wiedergeboren werden? Wenn dieses transzendente Innerste, das wir im Zeugenbewusstsein berühren, reines, unpersönliches Bewusstsein ist, frage ich mich zudem, ob dieses Bewusstsein je geboren wurde oder jemals sterben kann. Derjenige, der befürchtet, nicht wiedergeboren zu werden, ist nicht der, der wir wirklich sind. Wir sind eigentlich dieses Eine, das von Geburt und Tod ebenso wie von unseren persönlichen Befürchtungen oder Wünschen völlig unberührt ist. Die Bedingung für unsere Existenz, die Kraft, die unser Dasein begründete, war schon, bevor wir als Individuum in Erscheinung traten. Sie ist als uns in jedem Moment unseres Daseins erhaltende Kraft auch während unseres Lebens unsichtbar und nur in ihrem Werk erfahrbar, das sich als Leben und Schöpfung im Allgemeinen darstellt. Diese Kraft als unser Innerstes ist erfahrbar. Sie zu erfahren ändert wiederum unsere Identifikation mit der vergänglichen Form in eine Identifikation mit der unsichtbaren Kraft, die dahintersteht und von den Veränderungen unberührt bleibt. Da wir Menschen nicht aus uns selbst heraus leben, sondern von dieser Kraft getragen werden, stellt das Verlassen des Persönlichen mit der damit verbundenen Lösung der Identifikation mit dem Persönlichen den entscheidenden Schritt dar, dieser Kraft zu begegnen und zu erfahren, dass es ein Ankommen außerhalb des Persönlichen gibt. Ein Ankommen dort, wo wir uns näher sind, als es uns je zuvor im Persönlichen möglich gewesen wäre. Wer diese Erfahrung machen durfte, klammert sich nicht an das vergängliche, persönliche Schicksal. Wahrscheinlich war es das, was Jesus meinte, als er sagte: »In der Welt habt ihr Angst; aber seid getrost, ich habe die Welt überwunden.« (Johannes 16,33)

Zum Geleit

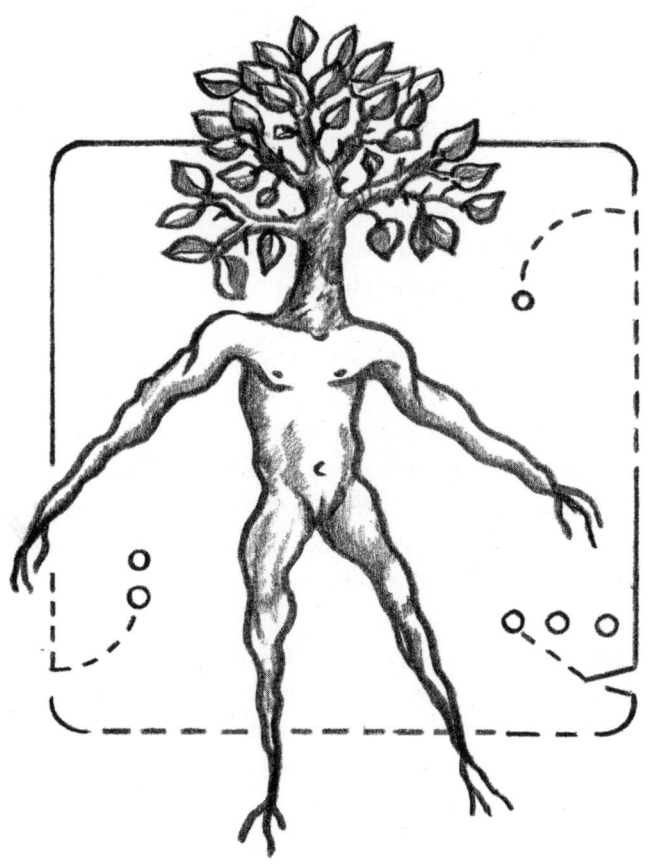

Wachstum

Dass wir eins sind mit allem und dies erfahren können, ist vom
Alltagsbewusstsein unglaublich weit entfernt und wird manchen
Menschen wie kühne Phantasterei abseits aller Realität erscheinen. All denjenigen, die diesen transpersonalen Bewusstseinszustand verwirklicht oder zumindest ansatzweise erlebt haben, erscheint es jedoch als ebenso phantastisch zu glauben, dass nicht
alles eins ist.

In welcher Weise ein Mensch, der dieses transpersonale Bewusstsein erreicht hat, die Welt anders erlebt als ein Mensch, der
im normalen Alltagsbewusstsein »gefangen« ist, ist leicht zu verstehen. Wenn ich erkannt bzw. erfahren habe, dass ich eins bin
mit allem, dann sehe ich viele Lebensziele, die die Gesellschaft
vorgibt, in einem ganz anderen Licht. Erfolg, Macht, materieller
Wohlstand und Bequemlichkeiten aller Art, erscheinen mir in
ihrer Vergänglichkeit stark relativiert. Der alltägliche Überlebenskampf, in den sich die Menschen deswegen jeden Morgen
stürzen, erscheint mir wie ein Drama, das der Mensch haupt-
sächlich auf Grund mangelnder Bewusstheit mit dieser Härte und
Kälte inszeniert. Ein befreiender Wesenszug der Meditation ist
es ferner, dass viele Wünsche, die mit materiellen Dingen zusammenhängen, sich auflösen. Die Begierde braucht immer etwas außerhalb ihrer selbst. Wenn aber alles eins ist, gibt es dieses
»außerhalb« nicht mehr. Es gibt nichts mehr, was ich erreichen
oder besitzen muss. Ich kann selbstverständlich weiterhin meine
Interessen verfolgen und das tun, was mir Spaß macht. Aber ich
bin nicht mehr in dem Maße davon abhängig und damit verknüpft wie zuvor. Zwar bin ich in diesem Leben immer noch an

die Begebenheiten des Körperlichen gebunden. Das heißt, dass ich essen muss, wenn ich hungrig bin, und mich warm kleiden, wenn mir kalt ist. Aber ich erkenne diese Welt der zwingenden Umstände und Bedingungen als das, was sie ist: als nur eine Seite der Münze. Auf der anderen Seite ist alles eins, und ich bin im Innersten völlig frei und kann das Rad dieser (Erscheinungs-)Welt verlassen, das sich unaufhörlich um Subjekt und Objekt dreht. Erscheinungen und unsichtbare Einheit sind als die zwei Seiten des Daseins nicht von einander zu trennen. Im Buddhismus würde man sagen, Leere ist Form und Form ist Leere. Jeder Mensch muss in seinem Bewusstsein beide Aspekte (Unterscheidungskraft und Integration) voll entwickeln, wenn er zur vollen Entfaltung seines innersten Wesens gelangen will.

Ich kann Sie nur zu dieser Veränderung des Bewusstseins einladen, damit beginnen müssen Sie selbst. Dranbleiben ebenso. Ich bin jedoch davon überzeugt, dass Sie den Weg weitergehen wollen, wenn Sie nur einmal erfahren haben, was es bedeutet, in seinem Bewusstsein – befreit von Individuellem und mit völlig klarem Geist – das Gefühl zu haben, sich näher zu sein als im Alltagsbewusstsein, das angefüllt ist mit Persönlichem, von dem man gemeinhin glaubt, dass es eigentlich am meisten mit einem selbst zu tun habe. Ich wünsche Ihnen solche Schlüsselerlebnisse, aber klammern Sie sich nicht daran. Gehen Sie stattdessen immer weiter.

Wenn Sie erste Schritte auf dem Weg zur Befreiung des Geistes tun möchten, sollten Sie sich jeden Tag eine halbe Stunde für die innere Einkehr reservieren. In dieser Zeit schulen Sie zunächst, um sich zu sammeln, in der eingangs beschriebenen Art ein paar Minuten Ihre Imagination. Den Rest der Zeit tauchen Sie in das Zeugenbewusstsein ein oder folgen in fortgeschrittener Weise dem suchenden Geist in Ihnen. Entwickeln Sie in sich das nötige Gefühl für die feinen und subtilen geistigen Vorgänge während der Meditation. Beobachten Sie, erspüren Sie, kommen Sie zur Ruhe und begeben Sie sich in die Kontemplation. Sie werden schon bald bemerken, wie sich die Dinge in Ihnen ändern. Sie

werden die Widerstände des Ego kennenlernen, und Sie werden
erfahren, wie sich Ängste oder Vorstellungen aufbauen und wieder auflösen. In all dem Kommen und Gehen werden Sie immer
mehr die eine Konstante erleben, die immer da ist: Den Zeugen.
Identifikationen mit dem Bezeugten werden sich lösen, Freiheit
wird entstehen, Gelassenheit, Weite. Neue Bewusstseinshorizon-
te werden sich Ihnen erschließen. Alte Standpunkte werden sich
auflösen. Seien Sie gewiss, dass Sie sich auf eine innere Reise begeben, wie sie spannender und bedeutender nicht sein könnte.

Versuchen Sie jedoch nicht gleich von Anfang an, Bäume aus-
zureißen oder Berge zu versetzen. Nicht das Gelingen zählt, sondern das Tun. Lassen Sie sich Zeit und begegnen Sie sich selbst
mit Nachsicht und Güte, sodass Sie der langsamen Entwicklung
der inneren Kräfte geduldig und liebevoll zusehen können. Selbst
wenn sich nach einer halbstündigen Meditation das Gefühl in
Ihnen breitmachen sollte, dass Sie zum Beispiel der angestrebten
Gedankenstille nicht im Geringsten näher gekommen sind, hat
die Meditation gleichwohl etwas mit Ihnen gemacht. Was, das
werden Sie vielleicht erst irgendwann einmal im Rückblick erkennen können. Dennoch trägt jede ernsthafte Bemühung in diesem Bereich ihre Früchte, auch wenn wir sie nicht von Anfang an
pflücken können. Haben Sie Geduld und sehen Sie die Zeit der
Meditation als eine Zeit an, in der Sie zu sich selbst kommen.
Eine Zeit, in der es keinen Druck und keine Erfolgsbilanz gibt,
eine Zeit in der Sie niemandem Rechenschaft über das Erreichte
ablegen müssen – nicht einmal sich selbst. Kehren Sie einfach immer wieder zur Übung zurück: Sitzen, Blicken, Atmen. Wenn Sie
sich schließlich bereit dafür fühlen, können Sie nach Belieben anfangen, mit dem suchenden Geist zu experimentieren. Der suchende Geist ist das i-Tüpfelchen, zuerst brauchen wir aber das i.

Kontinuität ist von großer Bedeutung. Tägliches Üben wäre
ideal. Das Leben und damit unser Terminkalender folgen aber
nur selten unseren Plänen. Lassen Sie trotzdem keinen inneren
Druck aufkommen. Meditation soll keine neue Pflicht neben vielen anderen in Ihrem Leben werden. Vielmehr sollte sie eine Oase

sein, die Sie immer wieder gerne aufsuchen. Versuchen Sie, an so vielen Tagen wie möglich zu meditieren. Mit wachsenden Erfolgen und durch die ersten Bestätigungen wächst erfahrungsgemäß auch die Motivation, und die schweren Zeiten anfänglicher Bemühung werden schon bald vergessen sein!

Glossar

Achtsamkeitsmeditation Meditationsform, in der es darum geht, die äußere wie die innere Welt zu beobachten, ohne sie zu reflektieren oder Empfindungen damit zu verknüpfen. Wenn Gefühle oder Gedanken entstehen, werden auch sie einfach beobachtet.

Aktive Liebe Liebe, die als seelische Kraft in Erscheinung tritt, in der das Lieben jenseits einer durch das Ego motivierten Erwartungshaltung stattfindet.

Aktives Denken Denken, das im Gegensatz zum passiven Denken bewusst vollzogen wird und vom Willen gelenkt ist.

Bodhichitta (Sanskrit, »Herz unseres erleuchteten Geistes«), bezeichnet wird damit das Herz eines Wesens, das danach strebt, ein Buddha zu werden.

Buddha-Wesen Die ursprüngliche Natur aller Dinge und Lebewesen jenseits der Erfahrbarkeit durch die Sinne und jenseits der Erfassbarkeit durch den dualistischen Verstand.

Gott/das Göttliche Die im Glauben oder in der inneren Wahrnehmung einer religiösen oder spirituellen Person erfahrene höchste und transzendente Kraft.

Innerer Mensch Nicht wahrnehmbares Zentrum des Ich- oder Identitätsgefühls eines Menschen, das als absolutes Subjekt nie in Erscheinung tritt. Im Gegensatz zu dem von anderen durch die körperliche Erscheinung oder durch Äußerungen wahrnehmbaren äußeren Menschen.

Holon Ein Ganzes, das Teil eines anderen Ganzen ist.

Koan Oftmals eine paradox, unverständlich oder sinnlos erscheinende Frage, die ein Zen-Meister einem Schüler stellt, der das Koan wiederum als Meditationshilfe nutzt. Für die meisten Koans werden alle verstandesmäßigen Lösungen als falsch angesehen. Ihr eigentlicher Sinn, ihre wesentliche Funktion erschließt sich nur intuitiv, ohne Worte.

Lotossitz Im Lotossitz, der der Form einer Lotosblüte nachempfunden ist, sind die Beine verschränkt. Er ist eine klassische Sitzhaltung, in der seit alters her meditiert wird.

Nicht-Dualität Wirklichkeit jenseits des unterscheidenden Verstandes.

Nirwana Die Bezeichnung für das buddhistische Heilsziel, den Austritt aus dem Kreislauf des Leidens durch Erleuchtung.

Passive Liebe Der Aspekt der Passivität des Liebenden, wenn er sich zum Beispiel verliebt. Verliebtsein ist demzufolge ein Zustand, in den man ohne eigene Anstrengung gerät (im engl. »to fall in love«).

Passives Denken Im Gegensatz zum aktiven Denken nicht durch den Willen gesteuertes und oftmals unbewusst ablaufendes Denken, vergleichbar mit dem Assoziieren.

Quietismus Neben einer Sonderform der christlichen Mystik eine Geisteshaltung in der Zen-Meditation. Sie betont das reine Verharren in der Stille und strebt darüber hinaus keine weiteren Ziele an. Verschiedene Zen-Meister versuchen dieser Geisteshaltung durch die Koan-Schulung entgegenzuwirken.

Satori Im japanischen Zen-Buddhismus das Erlebnis der »Erleuchtung«, des »Erwachens«, das heißt die Erfahrung des ursprünglichen Wesens allen Seins.

Schule des Nembutsu Die Nembutsu-Schule ist eine Schule des Amitabha-Buddhismus in Japan, in der durch die permanente Rezitation des Namens von Buddha das Verlassen des Persönlichen und die Erleuchtungs-Erfahrung angestrebt werden.

Selbsttranszendenz Überschreitung des Ego und Öffnung in eine übergeordnete Wahrheit, deren Teil man ist.

Shikantaza-Übung Mit Shikantaza wird eine Form des Zazen bezeichnet, in der auf einführende Techniken wie das Zählen des Atems oder das in der Rinzai-Schule praktizierte intensive Studium von Koans verzichtet wird. Es geht hierbei um das reine Gewahrsein der Gegenwart.

Suchender Geist Eine Aufmerksamkeit, die sich auf etwas ausrichtet, das nicht für die Sinne erfahrbar, die Imagination darstellbar oder dem Verstand erklärbar ist.

Vipassana Siehe »Achtsamkeitsmeditation«.

Weg des Hinayana (Sanskrit, »kleines Fahrzeug«), einer der beiden großen Hauptströme des Buddhismus.

Weg des Mahayana (Sanskrit, »großes Fahrzeug«), einer der beiden großen Hauptströme des Buddhismus.

Vedanta Schlussbetrachtung der Veden; ein System der indischen Philosophie.

Zen Eine in China ab etwa dem 5. Jahrhundert der christlichen Zeitrechnung entstandene Strömung oder Linie des Mahayana-Buddhismus, die wesentlich vom Daoismus beeinflusst wurde.

Zeugenbewusstsein Zustand des reinen Gewahrseins ohne jede Reflexion.

Literatur

Meister Eckhart: *Deutsche Predigten und Traktate* (hrsg. von Josef Quint), Diogenes Verlag, Zürich 1993

Ders.: *Einheit im Sein und Wirken*, Piper Verlag, München 1991

Nicolaus von Cues: *Vom verborgenen Gott, vom Gottsuchen, von der Gotteskindschaft*, Freiburger Echo Verlag, Stegen 2001

Seligmann, Martin E. P. : *Der Glücks-Faktor – Warum Optimisten länger leben*, Bastei Lübbe Verlag, München 2005

Suzuki, Daisetz T.: *Koan*, O. W. Barth Verlag, Frankfurt a. M. 1994

Tholey, Paul und Utecht Kaleb: *Schöpferisch träumen*, Klotz Verlag, Eschborn 2000

Walsch, Neale Donald: *Gespräche mit Gott*, Goldmann Verlag, München 2008

Wilber, Ken: *Eine kurze Geschichte des Kosmos*, S. Fischer Verlag, Frankfurt a. M. 2004

Ders.: *Integrale Psychologie*, Arbor Verlag, Freiamt 2001

Yogananda, Paramahansa: *Die ewige Suche des Menschen*, O. W. Barth Verlag, Frankfurt a. M. 1995

Über den Autor

© Daniel Biscan

Marc Rosenberger (Jahrgang 1973) ist hauptberuflich als Musiker und Musikproduzent tätig. Schon während seines Klavierstudiums an der staatlichen Hochschule für Musik und darstellende Kunst in Stuttgart spielte er in zahlreichen Ensembles und kam mit den verschiedensten musikalischen Stilen in Berührung. Seit 1999 leitet er das Kreatonstudio (www.kreatonstudio.de), in dem er als Komponist und Arrangeur tätig ist.

Er praktiziert seit ca. fünfzehn Jahren Meditation und sammelte während dieser Zeit viele Erfahrungen, die er auch in Meditationsabenden an interessierte Teilnehmer weitergibt.

Weitere Informationen dazu gibt es im Internet unter: www.spirituelle-schulung.de